Lymlar och ligister med pamfletter och plakat

Omslag:
Anders Dejke och Stefan Gustafsson.
Fotot föreställer Åderlåtarne vid demonstration mot kärnkraft i Barsebäck

Lymlar och ligister med pamfletter och plakat 50 år med alternativrörelser

Om en del grupper och organisationer i Halmstad som åren 1967–2016 arbetade för fred, miljö, internationell solidaritet och mänskliga rättigheter

Nils Eriksson

Tidigare böcker av Nils Eriksson

Minnen

När kriget kom till Dingle, 2014

Suggestion mot stelkramp och andra minnen från arbetet som underläkare för 50 år sedan. 2015

Allergologisk litteratur

Astma – utredning och behandling, 1986

Astma och allergi i praktiken, 1990

Allergi och annan överkänslighet i praktisk sjukvård (red.), 1992

Förrädisk föda. Om överkänslighet för mat och dryck (red. tillsammans med Ulf Bengtsson), 1996 och 2003

Allergipraktika. 1997 och 2003

Allergi och annan överkänslighet i praktisk sjukvård. Andra uppl. (red. tillsammans med Gunilla Hedlin), 1999

ISBN 9 789176 994559

En del slarvfel som fanns i första trycket är rättade i denna bok, februari 2017.

Inlagans layout: författaren

Författarens adress: Gaggegatan 17b, 30234 Halmstad

Telefon 035-129150 eller 0730926863

E-post: dinglenisse@telia.com

Hemsida: www.nilseeriksson.se

Förlag: BoD – Books on Demand, Stockholm, Sverige

Tryck: BoD – Books on Demand, Norderstedt, Tyskland

Tack

Ett postumt tack vill jag ägna Bruno Toftgård (som avled 2016) för fakta om Naturskyddsföreningen, Miljögruppen, Matfront och Cykelfrämjandet, likaså Säde Ikonen (som avled 2015) för information om Aktionsgruppen mot Hamnleden.

Ulf Norenius tackas för information om Fredsgruppen i Halmstad, Göran Sidén för vindkraften, Jenny Norell för REKO-butikens start, Bo Lindblom för texter om Lyxjulkampanjen och om Amnesty och Benkt Högstedt för samarbete kring Byring & Bråtes historik. För information om Klimataktion Halmstad tackar jag Anne-Marie Bruno, för Tjejjouren Fatima Svanå och för "Huset" Kicki Stridh.

För omslaget tackar jag Anders Dejke och Stefan Gustafsson.

Innehåll

Vad är det här för bok?

Under slutet av 1800-talet och det tidiga 1900-talet verkade tre stora folkrörelser i Sverige: arbetarrörelsen, väckelserörelsen (frikyrkorörelsen) och nykterhetsrörelsen. Det var organisationer med många medlemmar och som hade betydelse för demokratins framväxt i vårt land. Utöver dessa tre klassiska folkrörelser hör idrottsrörelsen, som uppkom i början av 1900-talet, till de stora folkrörelserna.

Händelserna kring "revolutionsåret 1968" var en del av den vänstervåg som under 1970-talet runtom i världen, och även i Halmstad, ledde till uppkomsten av en hel del andra rörelser, som arbetade för bland annat internationell solidaritet, mänskliga rättigheter, fred, miljö och jämställdhet. Man kan sammanfattningsvis kalla dem för alternativrörelser, även om definitionen inte är glasklar.

De som var aktiva i dessa olika grupper, organisationer och nätverk tänkte naturligtvis aldrig: "Nu är jag en del av alternativrörelsen" eller "Nu är jag en aktivist". Man helt enkelt tillsammans grep sig an sådant som man uppfattade som viktiga aktuella problem.

I lilla Halmstad fanns eller finns bland andra Afrikagruppen, Aktionsgruppen mot främlingskap och rasism, Alternativ Ett, Alternativfestivalerna, Amnesty, Arbetarkommunens bokcafé, Arbetarteatern, Arbetsgruppen för Alternativkampanjen, Arbetsgruppen för fredstramparna, Halmstads Bilpool, Biologisk Odlar- och Konsumentförening, Bokhandeln Röda stjärnan, Centralamerikakommittén, Chilekommittén, CISV, El-Salvadorkommttén, Emmaus, FIB-gruppen, FN-föreningen, Folkkampanjen mot kärnkraft, Framtiden i våra händer, Fredagsgruppen, Fredsgruppen i Halmstad, Fältbiologerna, "Halmstadsläkarna - Sänk våra löner", Halmstrået, Internationella sjukvårdsgruppen, ISAK., Kommittén för fredsmarschen i Centralamerika, Kommittén för mänskliga rättigheter i El Salvador, Kristna freds,

Kubakommittén, Kulturkafét Solen, Kvinnogruppen, Kvinnor för fred, Läkare mot kärnvapen, Matfront, Miljövårdsgruppen, MUDI-MUMS matlag, Nätverket för fred i Mellanöstern, Palestinagruppen, Rörelsen för alternativ tätortstrafik, Salvador Allende-kommittén, Socialdemokrater för en alternativ energipolitik, Stoppa lyxjul-kampanjen, Svensk-indianska föreningen, Tjejjouren och Vietnamkommittén (FNL-gruppen).

Dessa alternativaktiviteter borde dokumenteras. Någon borde rota i protokoll, verksamhetsberättelser och annat och göra en seriös rapport. I väntan på att denne någon griper sig an ett dylikt större projekt har jag här satt samman sådant som jag minns eller på annat sätt fått närmare kännedom om från de 50 åren 1967–2016.

En hel del internationell solidaritetsverksamhet, som jag inte haft närkontakt med, saknas i denna berättelse. Här finns inte Röda Korsets, Rädda Barnens och IM:s (Individuell Människohjälp) omfattande hjälparbete, inte de politiska partiernas solidaritetsaktiviteter, inte kyrkans via Lutherhjälpen (numera Svenska kyrkans internationella arbete) eller frikyrkors via Diakonia. Inte heller Lions eller Rotarys verksamheter. Och inte de politiska partier på vänsterkanten som uppstod kring 1968, som KFML och KPML(r) , vilka också utgjorde en del av alternativen. Den alternativrörelse som handlar om alternativmedicin och nyandliga rörelser, som New age, har inte heller kommit med.

Om någon tycker att boken är mycket ojämn i sitt språk så måste jag hålla med. Textomfånget och detaljrikedomen för de olika organisationerna varierar beroende på om jag har eller inte har några minnesbilder, dagboksanteckningar, verksamhetsberättelser eller liknande för dem. En del avsnitt utgör torra faktarapporter. Namn på de personer som varit med i aktiviteterna har enstaka gånger kommit med men oftast utelämnats. Den som har legitimt intresse för namnen kan få diverse medlemsförteckningar av mig.

Amnesty och Byring & Bråte har fått särskilt stort utrymme eftersom jag varit aktiv där ända sedan starten 1969. I två avsnitt – om de tidiga miljöpartikongresserna och om Göteborgsdemonstrationerna 2001 – har jag tagit fiktionen till hjälp för att mer levande skildra verkligheten.

En del texter har tidigare varit införda i föreningen Gamla Halmstads årsböcker: Om Byring & Bråte (årsboken 2014), om Vietnamkommittén, Båstaddemonstrationen 1968 och Stoppa lyxjulkampanjen (årsboken 2015) och om diverse alternativrörelser under 1970-talet (årsboken 2016).

Ho Chi Minh tar även emot adliga jourfall

Det är 1967. *Hep Stars* sjunger *I natt jag drömde något som jag aldrig drömt förut.* Du-reformen genomförs i vårt land då medicinalstyrelsens nye chef, Bror Rexed, i sitt välkomsttal till personalen informerar om att han tänker säga du till alla. Kvinnorna går i kortare kjolar än någonsin tidigare. Och USA:s Vietnamkrig pågår.

Vietnameserna som först slagits mot japanerna och sedan mot fransmännen slåss nu mot amerikanerna, som har trappat upp kriget. Fler och fler amerikanska soldater sänds dit. Den sydvietnamesiska regimens motståndare torteras och mördas. USA levererar så kallade tigerburar för att sätta människor i. De amerikanska B52-orna vräker ut växtgifter, splitterbomber och napalm över ett av världens fattigaste länder. Man fäller över Vietnam mer bomber än vad som sammanlagt fälldes under Andra världskriget. *Vi borde bomba dem tillbaka till stenåldern,* säger USA:s flygvapenstabschef Curtis LeMay. Västvärldens politiker protesterar inte. Men runtom i världen, även i Sverige, upprörs en del människor över det som sker. Det bildas organisationer för fred i Vietnam och för stöd till befrielserörelsen FNL (*Front National de Liberation*). Även i Halmstad.

Halmstads Vietnamkommitté bildas vid ett möte på konditori Tre Hjärtan våren 1967. Gruppens aktiviteter består av torgmöten, bössinsamling för FNL, flygbladsutdelning och namninsamling. Gruppen skriver till kommunfullmäktige och föreslår att Halmstad ska skaffa en vänort i Nordvietnam. I vår skröpliga lilla lokal i ett rivningshus inne på gården i korsningen mellan Skepparegatan och Torsgatan håller vi medlemsmöten och bedriver studiecirklar. Ett stencilerat häfte från *De förenade FNL-grupperna* (DFFG) utgör studiematerial.

Vietnamkommittén har nu inbjudit till ett offentligt möte i I Folkets hus. Det är första gången jag besöker Folkets hus; jag känner inte till lokalerna. Finner att den största salen tydligen är en trappa ned. Går dit.

Salen visar sig vara till brädden fylld av folk! Halleluja, massorna har vaknat, tänker jag och gläds inombords.

Väldigt många röker så luften i lokalen är lite ogenomskinlig. Jag känner inte igen någon av deltagarna. För säkerhets skull frågar jag en man i publiken:

– Det här är väl Vietnammötet?

– Vilket dj-a Vietnammöte? Det här är Bingo, svarar han.

Så småningom hittar jag högst upp i byggnaden den lilla lokal, där en mera blygsam skara Vietnamintresserade, kanske ett tiotal, samlats.

När man idag talar om "Vietnamtiden" kan det låta som om flertalet unga svenskar var aktiva i solidaritetsgrupperna. Så var det inte. Halmstads Vietnamkommitté hade ett tjugotal medlemmar.

Det är inte självklart vad som är vänster och vad som är höger. I Vietnamkommittén betraktas jag nog som en högeravvikare; är mera pacifist och motsätter mig att ändra kommitténs namn till FNL-grupp. Bland kollegerna på sjukhuset är jag känd som en vänsterextremist, som skriver insändare om Vietnamkriget och deltar i demonstrationer. Jag inbillar mig att någon kollega misstänksamt tittar efter färgrester på mina fingrar sedan en aktivist på en överläkares trädgårdsmur målat: *USA världssnut = världsslut*.

En färgstark och humoristisk allmänläkare i staden uppkallar mig efter Nordvietnams ledare Ho Chi Minh. En dag när jag är jour på medicinkliniken ringer han för att remittera in en akutpatient. Han beskriver symtomen och vi kommer överens om att kvinnan ska läggas. Då lägger han till:

– Jo du Ho Chi Minh, hon heter inte så som jag sade, det ska stå *von* framför namnet. Men hade jag sagt det från början så hade du väl inte tagit emot henne?

Men det hade jag gjort.

Motståndet mot Vietnamaktivisterna är stort och stundom komiskt. En av Vietnamkommitténs medlemmar, Bo

Lindblom i Ränneslöv, har uppmärksammat Bokens Dag i Vallberga skola. I en monter med böcker på främmande språk finns ett exemplar av den mycket omtalade *Maos lilla röda*. Detta föranleder en anmälan till skolstyrelsen och en notis i Laholms Tidning med rubriken *Maos lilla röda används i Vallberga skola.*

Redaktör Valfrid Göransson, som är ledarskribent på Hallandsposten (HP), är enligt tidningens ägare alltför frispråkig och uppmanar honom: *Skriv inte om Song My!* Tidningen skulle alltså förtiga den massaker som amerikanska soldater utförde i den sydvietnamesiska byn Song My på flera hundra obeväpnade byinvånare, huvudsakligen kvinnor och barn. Motsättningarna mellan tidningsledningen och Valfrid Göransson leder till att han 1970 får lämna tjänsten som ledarskribent.

Men visst går det att få in politiskt kontroversiella artiklar i HP. Roland Andreasson, journalist på tidningen, gör ett helsidesreportage om den lokala Vietnamgruppen. Gubbarna på sätteriet är rätt radikala. Färdiggöraren — han som ser till att texter och rubriker paras ihop på ett korrekt sätt, innan de överlämnas till sidombrytaren — grinar stort mot Roland:

– Bara för att det är du, skall du få röd ram.

Sveriges regering under Tage Erlander försöker stoppa Russelltribunalen, *International War Crimes Tribunal*, som organiseras av den brittiske filosofen och pacifisten Bertrand Russell tillsammans med den franske filosofen och författaren Jean-Paul Sartre. Tage Erlander varnar för att det kan uppstå problem i relationen mellan Sverige och USA men inser att han inte lagligen kan förbjuda den att sammanträda i Stockholm. Tribunalen kommer fram till att USA, Australien, Nya Zeeland och Sydkorea är krigsförbrytare.

Våra aktiviteter är kända på en del ställen långt borta i USA. En dag hör jag på tåget från Lund en kvinna, som tydligen kommer från USA, fråga en medpassagerare, då vi närmar oss Laholm:

– Is this Halmstad?

– No, it is a small town south of Halmstad, svarar den svenska kvinnan.

– Is it Ränneslöv? undrar då amerikanskan.

Aha, modern till en amerikansk desertör, tänker jag. Och det visar det sig vara. Vi har tidvis amerikanska pojkar som deserterat från Vietnamkriget i vårt hem. Bo och Birthe Lindbloms hem i Ränneslöv utgör ett viktigt centrum för desertörmottagandet i Södra Halland.

Så småningom ökar svenskarnas intresse för Vietnam. Efter det att USA terrorbombat Nordvietnams huvudstad Hanoi julen 1972 startas på initiativ av Sten Andersson (s) en namninsamling för fred i Vietnam, som får stöd av alla de fem riksdagspartiernas ledare. Uppropet får inte mindre än 2,7 miljoner namnunderskrifter. Namninsamlingen följs av en insamling till det bombade barnsjukhuset i Bach Mai.

Fortfarande är det dock i många kretsar kontroversiellt att protestera mot kriget. När jag på Medicinska riksstämman i Stockholm 1972 på kavajen har ett märke där det står ”Vietnam” säger en underläkarkollega till mig:

– Kan du inte för chefens skull ta av dig märket.

Han menar att jag med mitt märke skämmer ut överläkaren på Allergikliniken i Göteborg, där vi båda då arbetar.

Det fanns tre svenska riksorganisationer för stöd till Vietnam. De såg på varandra med misstänksamhet. Jag hade inte en aning om motsättningarna när jag i oktober 1966 åkte upp till Stockholm för att dels lämna medicinsk litteratur, som jag samlat in på sjukhuset, till en pågående insamling för Vietnam, dels delta i ett demonstrationståg mot kriget. Vid manifestationen stack någon ett plakat i min hand. Texten på plakatet var riktad inte mot USA utan mot en person, vars namn jag sett i tidningarna. Han var känd för sitt engagemang mot Vietnamkriget. Jag förstod ingenting.

De förenade FN-grupperna ansåg att de andra rörelserna var för pacifistiska. Det förekom emellertid även kritik från vänster. En rebellrörelse, rödgardisterna, menade att FNL-rörelsen inte var tillräckligt renlärig i kampen mot USA-imperialismen. Motsättningen på riksplanet nådde även oss i Halmstad. Några medlemmar tyckte att vi borde ta klart avstånd från rödgardisternas idéer och vokabulär. Andra hävdade att rödgardisterna kunde ha en riktig ideologi, men att de fört fram den i fel forum. Vid omröstning segrade den moderata linjen.

De tre Vietnamorganisationerna i Sverige

Svenska Vietnamkommittén bildades 1965 med syfte att ena olika grupper som arbetade för fred i Vietnam. Inriktningen var humanitär och man genomförde hjälpaktioner för folket i Vietnam. Parollen var *Fred i Vietnam*. Vietnamkommittén startade 1966 *Nationalinsamlingen för Vietnam* som fick stöd av alla fem riksdagspartierna.

De förenade FNL-grupperna (DFFG) grundades 1965 för att bilda opinion för att USA skulle lämna Vietnam och för att stödja organisationen *Front National de Libération (*FNL) i Sydvietnam. Man gav ut tidningen *Vietnambulletinen* och samlade in pengar till FNL genom bland annat bössinsamlingar på gator och torg. DFFG hade egna sånggrupper. Parollen var: *Stöd till Vietnams folk på dess egna villkor.*

Svenska kommittén för Vietnam bildades i januari 1968 med Gunnar Myrdal som ordförande. Dess *Appell för Vietnams folk* låg nära de fredsvillkor som FNL och Nordvietnam ställde. I det fackeltåg som genomfördes i februari 1968 medverkade ecklesiastikministern Olof Palme tillsammans med Nordvietnams ambassadör i Moskva, vilket ledde till diplomatiska förvecklingar mellan Sverige och USA. Kommittén bytte 1975 namn till *Svenska kommittén för Vietnam, Laos och Kambodja*

Stödja Rhodesias afrikaner eller lyda Ängelholmspolisen?

I maj 1968 slogs studenter och arbetare i Paris mot polisen. I USA, där Martin Luther King nyligen mördats, demonstrerade man mot segregationen, mot Vietnamkriget och mot *Dow Chemical* som tillverkade såväl den napalm, som brände ihjäl vietnameser, som växtgiftet *Agent Orange, vilket* avlövade Vietnams djungel. I Pragvårens Tjeckoslovakien införde Alexander Dubček reformer för att skapa socialism med ett mänskligt ansikte – vilket sovjetisk militär förhindrade några månader senare. I Stockholm ockuperade studenter sitt eget kårhus och kvinnor bildade den feministiska Grupp 8. Runtom i världen demonstrerades för modernisering av institutioner och för frihet och rättvisa. I radion sjöng Cornelis Vreeswijk *Somliga går med trasiga skor*, Anita Lindblom sjöng *Kring de små husen i gränderna vid hamnen.* I Halmstad åkte några kamrater till Båstad och stoppade en Davis cup-match.

– Nej, gå tillbaka, det är här vi har tillstånd att stå, varnar jag, när några av demonstranterna lämnar vår plakatdemonstration och går och sätter sig framför grindarna.

Det är 3 maj 1968 och vi befinner oss vid tennisstadion i Båstad. En Davis cup-match ska spelas mot vita tennisspelare från det rasistiska Rhodesia. Det är den tidigare engelska kolonin Sydrhodesia som sedan 1965 regeras av en olaglig vit regim under ledning av Ian Smith. De internationella sanktionerna har inte haft någon inverkan. Diskussion om matchen har pågått i media. Många har menat att man inte borde ha gett tillstånd till denna match; att det skulle innebära stöd för en fascistisk och rasistisk regim. Tennisförbundet har dock beslutat att matchen ska äga rum.

Folkpartiets, Centerpartiets och Socialdemokraternas ungdomsförbund har fått tillstånd till demonstrationståget, som samlar drygt 500 deltagare. För de flesta är detta deras första demonstration. Från Halmstad har vi kommit en handfull demonstranter.

På plakat och banderoller i tåget ser vi bland annat: *Den vite spelar boll, den svarte ingen roll* och *Vit sport, vit rasism*

Framme vid stadion stannar vi på den plats där polisen gett oss tillstånd att stå med våra plakat. Men plötsligt lämnar några av deltagarna gruppen och sätter sig på marken framför entrégrindarna. Det är då min känsla för lag och ordning väcks och jag ropar:

– Nej, gå tillbaka, det är här vi har tillstånd att stå.

Men allt fler demonstranter går till grindarna.

Hur ska jag göra? Vara olaglig?

Jag har aldrig gjort något olagligt; jag är närmast pinsamt laglydig. Skulle aldrig knycka ens ett gem på jobbet eller försöka smussla undan en enda krona i självdeklarationen. Att man ska lyda polisen är alldeles självklart.

Men vi är ju här för att stoppa matchen. Ska jag stödja Rhodesias afrikaner eller ska jag lyda Ängelholmspolisen? Vad är rätt?

Konflikten inom mig varar någon minut. Sedan ansluter jag mig till sittdemonstranterna vid den södra grinden, den som senare kommer att kallas den torra grinden. Vi som sitter där blir inte besprutade av polisen. Vid den norra grinden sprutar polisen med brandslangar.

Så småningom meddelas att matchen är inställd. Förmodligen den första demonstration i Sverige som lett till så konkreta resultat. Demonstranterna jublar. Många från den norra grinden är blöta och frusna efter polisernas attacker med brandslangar och tårgas. En del demonstranter misshandlas senare på dagen av Båstadungdomar.

Sittdemonstrationen genomförs i stort sett utan våld från demonstranternas sida. Min väsentligaste insats vid min första – och troligen sista – olagliga demonstration är att fördela torra kläder bland blöta, huttrande studenter från Stockholm som blivit sprutade på.

Det värsta sedan ryska revolutionen, säger Sven Jerring.

Rykten sprids om manifestationerna vid tennisplanen i Båstad maj 1968. En polis utgör källa till tidningsuppgiften att Bo Lindblom från Ränneslöv skurit av brandslangen som polisen använde mot demonstranterna. I verkligheten har Bo suttit i sin skolsal och bedrivit undervisning vid den aktuella tidpunkten.

Dagarna efteråt läser jag i våra tidningar att demonstrationen närmast varit som en våldsam revolution. I media kallas vi för lortiga ligister, slödder, pöbel, mobb, yrkesdemonstranter, långhåriga saker och vilda djur. *Det värsta jag varit med om sedan ryska revolutionen,* säger radions Sven Jerring.

HP har på sin första sida en bild från demonstrationen och stor rubrik *Blodigt upplopp stoppade matchen*. Ingressen lyder:

> *Det lugna idylliska Båstad har i flera bemärkelser upplevt sin svartaste dag. Som många fruktat gick hundratals demonstranter på fredagen till regelrätt angrepp mot tennisstadion och blodiga strider utkämpades mellan framförallt kravallspecialister från Stockholm och polisen.*

Inne i tidningen ägnas två sidor åt demonstrationen. Helt ensidig är dock inte rapporteringen i HP. Man informerar om en sociologisk undersökning av Herman Schmid och citerar *Olagliga demonstranter är inte de odisciplinerade tuffingar man vanligtvis föreställer sig.*

På grundval av osanna tidningsrapporter uttalar sig politikerna. Högerledaren Yngve Holmberg säger att partierna måste fördöma *pöbelfasonerna i Båstad*. Justitieminister Herman Kling (s) säger att det är nödvändigt att snabbt stoppa *ligisthoparna*. Hot och hat kommer i insändare och brev, inte minst till Båstadprästen Ingemar Simonsson, som deltagit i demonstrationen.

Föga anar jag att jag drygt 30 år senare ska uppleva samma enorma massmediala felinformation om en annan huvudsakligen fredlig demonstration – nämligen i Göteborg år 2001.

Och inte vet vi denna majdag i Båstad att händelserna i maj 1968 i Sverige och runtom i världen ska komma att betraktas som en vattendelare i historien.

Inte förrän 1979 tvingas Ian Smiths vita regim att lämna ifrån sig makten i Rhodesia.

Vid grindarna satt många demonstranter. Batonger och vattenkanon kom till användning. Inne på själva tennisstadion fanns många poliser och en ensam demonstrant
Bild ur "Fallet Båstad, En studie i svensk opinionsbildning"
Foto Lars Westman

Lymlar och ligister med pamfletter och plakat

Medvetenhet om de globala orättvisorna och överkonsumtionen i vår del av världen hade ökat 1968. Miljontals människor levde i fruktansvärd misär; många svalt ihjäl. Vi i Västeuropa levde i relativ lyx (fast det kunde betraktas som i relativ fattigdom om man jämför med hur vi lever 2017). Under julen 1968 ordnades i många städer något som kallades *Alternativ jul.* Det kunde innefatta protest mot kommersialismen, kollektivt julfirande ihop med hemlösa och insamlingar till motståndsrörelser runtom i världen. I Halmstad genomförde några representanter för solidaritetsrörelser, ungdomsförbund och frikyrkor aktionen *Behåll julen – stoppa lyxen.*

Aktionen som ägde rum en söndag i december hade föregåtts av en planering, där det bland annat gällde att hitta minsta gemensamma nämnare för aktiviteterna. Vi kom från ideologiskt vitt skilda håll. Efter långa debatter och många kompromisser blev vårt budskap att uppmana folk att ta det med måtta, inte låta sig ryckas med till köphysteri av all den granna och dyra reklamen, inte jäkta sig fördärvade, inte supa och äta mer än vad kroppen tålde. Vi påpekade att också reklamen ytterst betalas av konsumenten. Vi påminde lite grann om den värld vi lever i och hur den ser ut för flertalet människor.

Som alternativ till lyxen skulle vi ha en insamling för något ändamål. Det visade sig att det inte gick att enas om ett gemensamt insamlingsprojekt varför det blev tre olika sådana: humanitär hjälp till Biafras folk via *Lutherhjälpen*, medicinsk och kirurgisk utrustning till Vietnams folk via *Vietnaminsamlingen* och stöd åt arbete för politiska fångar i öst och väst via *Amnesty.*

En grupp ungdomar hoppade av när Vietnaminsatsen blev lagd på Vietnamhjälpens insamling i stället för FNL:s. Ännu större grupper på den andra sidan var beredda att lämna aktionen om FNL skulle nämnas. Några hoppade av för att det överhuvudtaget skulle samlas in något för Vietnam.

Inne i den egentliga stadskärnan, där de människor

fanns, som vi ville vända oss till, fick vi enligt polistillståndet bara uppträda en och en. Vi fick inte använda högtalare och med insamlingsbössorna fick vi bara stå vid Österskans och två andra platser utanför själva centrum. På Stora torg., där det var julmarknad, fick vi inte finnas.

Man kan fundera över polisens rädsla för vår lilla kampanj; affärsmännen hade lagt ned hundratusentals kronor i reklam och jippon för att få folk att köpa mera medan vår kampanj kostade drygt tvåhundra kronor.

Det är en kall och glittrande skyltsöndag då vi genomför vår manifestation. Med handmålade plakat på magen delar vi ut flygblad. Polisen påstår att Petter Ljunggren, en av deltagarna, står olagligt och kör honom till polisstationen. Sedan man där mera noggrant läst igenom tillståndet, förklarar polisen att det uppstått ett missförstånd och fraktar honom tillbaka till platsen på Brogatan där han stått.

Många ogillar vårt budskap. Våra snälla vädjanden upplevs som om vi vill bestämma vad de ska få göra och inte göra. De upplever nog inte den omfattande julreklamen på ett liknande sätt.

För flera av deltagarna blir det en ny och chockerande upplevelse att möta ren aggressivitet. Det händer flera gånger att till synes vanligt, hyggligt folk kallar oss för kommunistyngel, ligister, slynglar och lymlar, och att de spottar på våra affischer och flygblad.

Vi samlar trots allt in drygt tusen kronor till vart och ett av de tre insamlingsmålen. Och några Halmstadsbor börjar förhoppningsvis reflektera något över jordens orättvisor i relation till julens budskap.

Please release

Amnesty i Halmstad startade 1969, samma år som Olof Palme efterträdde Tage Erlander som statsminister och Neil Armstrong blev första människan på månen.

Amnesty International är en internationell frivilligorganisation som verkar för mänskliga rättigheter. Organisationen grundades 1961 av den engelske advokaten Peter Benenson som startade en kampanj sedan han hade läst en tidningsartikel om två portugisiska studenter som hade gripits och dömts till sju års fängelse för att ha skålat för friheten. Kampanjen ville uppmärksamma de människor som hölls fängslade enbart på grund av sina politiska åsikter. Dessa fångar fick namnet samvetsfångar. Kampanjen blev startpunkten för Amnesty. Den svenska sektionen av Amnesty International startades 1964 av Hans-Göran Franck och Per Wästberg.

Till en början arbetade Amnesty enbart med politiska och medborgerliga rättigheter, mot tortyr och mot dödsstraff. Åtagandet har successivt utvidgats till att idag också omfatta grova kränkningar av ekonomiska, sociala och kulturella rättigheter.

Vid en utvärdering av aktionen *Stoppa lyxjulen* fann vi att många människor hade valt att lägga sitt bidrag i Amnestys bössor. Bo Lindblom tog initiativ till ett möte i januari 1969 för att se om det fanns intresse för en Amnestygrupp i Halmstad. Mötet resulterade i två nya grupper, en i Laholm och en i Halmstad.

Jag blev kontaktperson (det som i Amnesty kallas gruppsekreterare) för vår grupp 169, som fick tre fångfall att arbeta med: *Simeon Dylaris*, Grekland, som arresterats i samband med Georgios Papandreous' begravning i Aten och dömts till 2 års fängelse, *Muhammed Khalil Micdad*, Libanon, som arresterats då han delade ut flygblad för ett i Libanon förbjudet parti och *Alexandr Kolesnichenko,* Sovjetunionen, som satt fängslad för "olaglig religionsutövning".

Vi träffades hemma hos någon av gruppens medlemmar ungefär en gång per månad. Skrev brev om våra fångar, rapporterade om reaktioner på våra brev och planerade olika aktioner.

Detta var i Amnestys barndom och det fanns ännu inte några hjälpmedel i form av brevförslag eller ordlistor som hjälp när vi skrev våra brev på främmande språk till regeringschefer och fängelsedirektörer. Därför försökte jag ställa samman en mycket enkel lathund med meningen *Jag vädjar till er att omedelbart frige NN* översatt till så många språk som möjligt.

Västeuropeiska språk klarade vi lätt inom gruppen. Bo Lindblom i Laholmsgruppen, som är ett språkgeni, kunde bidraga med ytterligare flera språk och vi fick ihop en ganska bra lista. Men slaviska språk saknades. Då hade det kommit en ung jugoslavisk kollega till kliniken där jag jobbade. Naturligtvis kunde hon hjälpa mig att översätta till serbokroatiska! Hon förstod bara några enstaka svenska och engelska ord. Jag kunde inte ett enda på hennes språk men försökte få henne att förstå vad det var jag ville ha översatt. Vi bollade några ord och meningar mellan oss.

Till att börja med verkade hon inte förstå. Så småningom tycktes det dock klarna. Men hon var så otroligt negativ. Riktigt otrevligt motsträvig. Hon borde vara glad över att kunna göra en insats för mänskliga rättigheter. Jag blev nästan lite sur. Slutligen skrev hon ändå ned den serbokroatiska texten.

Hon verkade inte nöjd.

Dessbättre hann vi inte använda meningen förrän jag hade haft ytterligare ett klarläggande samtal med henne. Det visade sig att hon till serbokroatiska hade översatt meningen: *Jag vädjar till er att omedelbart sätta NN i fängelse.*

Så det kan bli.

Intresset för Amnesty växte och i mitten på sjuttiotalet hade vi inte mindre än fem arbetsgrupper. Gemensamma angelägenheter avhandlade vi på stormöten; vid denna tid kändes begrepp som styrelse, ordförande, justeringsmän, stadgar och årsmöte något föråldrade och odemokratiska.

Förutom arbetet i de fem arbetsgrupperna, hade vi en del gemensamma aktioner. Vi demonstrerade på torget, ordnade namninsamling för den fängslade Mikis Theodorakis i Grekland och samlade in pengar för Amnesty när Hasseåtages *Åh vilken härlig fred* spelades på Halmstads Teater. Vid ett tillfälle, då vi inte fått tillstånd att demonstrera på Stora torg, prövade vi en metod, som oppositionen i Spanien använde under general Francos diktatur. Ett par personer med färggranna halsdukar stod helt lagenligt i vart och ett av torgets fyra hörn. På en given tidpunkt korsade alla torget på väg till det diagonalt motsatta hörnet. Då råkade det mitt på torget en kort stund uppstå en synlig demonstration.

Fram till 1974 hade svenska Amnestys årsmöte alltid hållits i Stockholm och organiserats av den enda anställda på svenska sekretariatet, Ulla Ridderstad, och volontären Ingrid Lilja. Med årsmötet 1974 bröts denna tradition: Grupperna i Halmstad och Laholm anordnade det första utlokaliserade årsmötet. Det hölls i Tylösand. Även 1983 och 2016 kom vi att stå som värdar för Svenska sektionens årsmöte.

I Amnestyarbetet kommer man i närkontakt med förföljda, diskriminerade och torterade människor. Om man tidigare bara allmänt tyckt synd om en anonym grupp människor i andra länder får man en förändrad syn. Det handlar om människor som du och jag. Man känner starkt att man måste göra något. Det ena ger det andra. Engagemang i Amnesty leder för många till engagemang även i andra solidaritetsrörelser.

Sven Nordqvist gjorde
många fina Amnestybilder

Stolt fjällskivling i Byrings källare,

Amnestygruppens inkomster bestod under de första åren i stort sett av medlemsavgifter. Vi hade emellertid ökande utgifter för våra adopterade fångar. Hur skaffa pengar? Loppmarknader blev lösningen. Några sommarlördagar i början av 1970-talet ordnades tillfälliga loppmarknader i ett barndaghem beläget bredvid biblioteket i Söndrum. Dessa gav ganska goda inkomster. Hösten 1974 fick vi tillgång till större delen av en visserligen skröplig men dock byggnad, ett rivningshus, på Gamla Söndrumsvägen 21, ett hus där det tidigare varit såväl skomakeri som speceriaffär och dam- och herrfrisör. Det växte stolt fjällskivling i källaren. Några händiga medlemmar reparerade och rengjorde lokalen och i februari 1975 kunde vi börja ha regelbunden försäljning varannan lördag. Onsdagskvällar var arbetskvällar då vi sorterade och prismärkte. Affären fick namnet *Byring & Bråte*. Det är två substantiv som betyder ungefär samma sak; Byring är en halländsk benämning på bråte.

Saker att sälja skaffade vi på olika sätt. Under rubriken *Diverse* annonserade vi i HP efter lysningspresenter som folk fått för mycket av. En gång annonserade vi med texten *Vad som helst. Amnesty*, följt av telefonnumret till Benkt och Barbro Högstedt. En man missuppfattade det hela. Han trodde Amnesty var en flicka med ”massageinstitut” och ringde hem till Barbro och ville beställa en tid.

Sommarloppisarna skilde sig helt från de vanliga lördagsförsäljningarna. Många medlemmar som annars inte medverkade på Byring strömmade till och inkomsterna vid sommarförsäljningen låg högt över de vanliga lördagarnas. Blåsorkestern Åderlåtarne uppträdde vid alla sommarloppisar. Fredagseftermiddagen före den stora loppmarknaden arbetade vi hårt med förberedelserna och kvällen avslutades med knytkalas. Eftersom vi ställt ut många saker på gården hade vi nattvakter som såg till att inget blev stulet. Sven-Erik Gustafsson och jag, båda tågintresserade, tog gärna ett nattpass då vi kunde vinka till sovvagnståget som susade förbi på väg till Oslo.

Det var trångt i lokalen. Man fick vara försiktig med sina egna saker: lade man ifrån sig något kunde det råka bli sålt. En dag försvann Inga Anderssons kappa. Den har väl blivit såld av misstag tänkte vi. Men efter några veckor dök den upp, nu försedd med nya knappar. Det var Inga Svensson som hade tagit hem den.

– Jag tyckte det var en bra kappa men räliga knappar, så jag sydde i nya, sade hon.

Frisören Åke Johansson (som ibland stängde sin salong och hängde en skylt på dörren *Stängt på grund av hjärtflimmer*) var kvar i huset. Successivt kunde vi dock ta över alltmer av husets utrymmen. Ett stort genombrott fick vi när vi bröt oss in i en igenbommad del av källaren och där fann ett övergivet skomakeri. Via skomakeriet kunde vi då få två utgångar för den mörka källaren, där vi framförallt förvarade möbler. Våra ryggar blev påfrestade när vi bar in och ut skåp och sängar via de låga källardörrarna.

Så småningom fick vi mer skänkta saker än vi kunde sälja. En tid skickade vi överblivna varor till Amnesty i Sierra Leone. Vi exporterade också en del överblivna kläder till rhodesiska flyktingläger i Moçambique. Arne Hallin, som varit stuvarbas i hamnen, var en Byringmedarbetare som gjorde stora insatser bland annat när det gällde kläderna, som balades hos Röda Korset och sedan skickades i container till Moçambique.

När den zimbabwiska befrielserörelsen tågade in i huvudstaden Harare 1980, sedan Ian Smith tvingats avsluta sin vita regim noterade en korrespondent från Dagens Nyheter att en av de glada gerillasoldaterna var iklädd en T-shirt med reklam för en cykelaffär i Halland. Han skev att det finns gåtor som man aldrig kan vänta sig att få svar på. Men förklaringen ligger hos Byring & Bråte. Sally Mugabe, maka till dåvarande gerillaledaren Robert Mugabe, hade några år tidigare deltagit i en internationell kvinnokonferens i Köpenhamn. I anslutning därtill besökte hon Amnesty i Halmstad och fick med sig en del kläder från Byring & Bråte.

Tack vare loppmarknaden kunde vi nu bedriva en ganska omfattande verksamhet utöver det traditionella Amnestyarbetet. Bland annat fick vi ut ett antal förföljda människor ur Chile och Argentina efter militärkuppen 1973. Ibland gick vår kassör Elsa Blomkvist till en resebyrå och köpte en flygbiljett som kunde hämtas ut på en flygplats i Sydamerika dit flyktingen kunnat komma. Och så flög hen till Sverige.

Kunder köar lördag morgon vid vår butik

Solidaritet med Norrbotten

Kanske är det långsökt att räkna in solidaritet med Norrbottens sjukvård bland alternativrörelserna. Men jag tar ändå med historien om när Halmstadsläkare skötte en vårdcentral i Norrland.

Det började med att Håkan Ljunggren, överläkare på medicinkliniken, en morgon 1969 vid vårt tisdagsmöte inne på hans expedition sade:

– Det är för eländigt uppe i Norrland. Dom har inga läkare medan vi sitter här nere och trängs. Vi i Halland kan väl adoptera ett distrikt?

Vi som satt och trängdes på medicinkliniken som hade fyra stora vårdavdelningar var en överläkare, en biträdande överläkare och fem underläkare. En blygsam skara med 2000-talets mått.

Håkan förde sin idé vidare till Hallands läkarförening. Där var intresset dock inte så stort, så han lät tanken somna. Under tiden hade jag blivit tänd på förslaget och försökte få lokalavdelningen av SYLF, Sveriges yngre läkares förening, att organisera det hela. Inte heller där blev det något positivt gensvar. Jag började då fråga kolleger en och en om de hade möjlighet att åka till Norrland. Jag fick till slut ihop en lista med över tjugo kolleger som var villiga att vikariera där uppe i två månader och skrev då till Norrbottens landsting och sade att vi kunde åta oss ett distrikt.

Resultatet blev att Halmstadsläkare kom att sköta Mjölkuddens läkarstation under ett års tid. Vi åkte två i taget och var och en stannade i två månader. Vi hade ambitionen att en medicinare och en kirurg skulle vara där uppe samtidigt; detta mål kunde dock inte riktigt nås.

Från olika läkemedelsföretag rekvirerade jag färdigtryckta receptblock med de vanligaste medicinerna. Ett antal block för var och en av läkarna, med deras namn tryckt på receptet, levererades i stora kartonger till läkarstationen. Personalen klagade över att mottagningen höll på att drunkna i receptblock.

Landstinget tillhandahöll en läkarväska fulladdad med akutmediciner och annan utrustning. Bland annat ett splitter nytt stetoskop. De två kolleger som tjänstgjorde de två första månaderna förundrades i början över att akutpatienternas hjärt- och andningsljud var så förfärligt svaga. Så småningom upptäckte de att det satt ett skydd på klockstycket. När de tog bort detta så hördes såväl blåsljud som rassel och ronki perfekt.

Vår adoption av ett distrikt i Norrbotten har föga gemensamt med den guldgrävarverksamhet som de så kallade hyrläkarna bedriver några decennier senare. Vi vikarierade i Norrbotten på samma villkor som deras ordinarie läkare, medan det snuskiga hyrläkarsystemet bland annat innebär att giriga läkare avstår från ordinarie välbetalda anställningar och istället hoppar in med ännu högre ersättning via ett bolag.

Sjukvården fördyras avsevärt av tjugohundratalets hyrläkare.

Sjukhuset i Halmstad – Klockhuset

Stöd till det blockerade Kuba

Efter flera års gerillastrider störtades 1959 på Kuba den USA-stödde diktatorn Fulgencio Batista. Den revolutionära rörelsen under ledning av Fidel Castro tog makten och började förändra landet. Man genomförde en jordreform, nationaliseringar, stora lönehöjningar, sänkta hyror och många andra välståndssatsningar. Politiken ledde till konfrontation med nordamerikanska intressen. USA bestämde sig för att bromsa den revolutionära utvecklingen, bland annat genom importstopp på kubanskt socker. Man organiserade en invasionsstyrka bestående av USA-stödda exilkubaner som 1961 invaderade Kuba vid Grisbukten. Den slogs tillbaka. Konflikten trappades upp och 1962 inledde USA en blockad av Kuba, vilket till en början bland annat innebar att fartyg som angjorde kubansk hamn svartlistades i USA, men så småningom även innebar att företag och organisationer från tredjepartsländer som bedrev handel med Kuba kunde bestraffas enligt amerikansk lagstiftning.

I det Latinamerika, som under 1960- och 1970-talen dominerades av USA-stödda högerdiktaturer, kom Kuba för många att framstå som den enda nation i regionen som försökte förbättra villkoren för den fattiga folkmajoriteten. Olika rörelser för solidaritet med landet växta upp.

Svensk-Kubanska Föreningen är en partipolitiskt obunden förening som har till mål att stödja revolutionen på Kuba och det kubanska folkets kamp mot imperialismen. Man vill dessutom främja kontakter och samarbete mellan människorna i Sverige och Kuba. Föreningen har utvecklat olika nätverk, som *Medicinare för Kuba* och *Lärare på Kuba och i Sverige*. Man ordnar studieresor om Kubas hälsovård, skolsystem, ekologi, hållbar odling och kultur. Man deltar i solidaritetsbrigader till Kuba och ger ut Tidskriften Kuba.

Halmstads Kubakommitté bildades 1975 av HP-journalisten Roland Andreasson sedan denne kommit hem från sin första brigadresa till Kuba. Historieforskningen har inte kunnat påvisa att kommittén hade någon annan medlem än Roland, som även var ledamot av Svensk-Kubanska Föreningens riksstyrelse. Han var emellertid aktiv under ett par år; gjorde några utställningar och skrev artiklar.

– Jag är nog den ende i Halmstad bosatte, som skakat hand med Fidel Castro, säger Roland.

Sedan verksamheten i Halmstads Kubakommitté upphört fanns under ett par decennier ingen grupp inriktad på solidaritet med Kuba. Våren 2004 startades emellertid ***Halmstads lokalgrupp av Svensk-Kubanska Föreningen***, när Inka Persson och Ulf Halldin kom tillbaka från en brigadresa till Kuba. Gruppen har arrangerat många evenemang av såväl politiskt som kulturellt slag.

På 1970-talets Cuba är det inte bilder på Fidel Castro man ser i den offentliga miljön utan framförallt på José Marti, poet och frihetshjälte från 1800-talets kamp för självständighet från Spanien

Militärkupp i Chile

Det är nu 1973. Rickard Nixon blir omvald till president i USA. I Sverige dör konung Gustaf VI Adolf och vid Norrmalmstorg utspelas ett gisslandrama. Nobels fredspris delas i år mellan vietnamesen Le Duc Tho och Henry Kissinger, en man som många betraktar som krigsförbrytare. Och Latinamerikas ende demokratiskt valde socialistiske president störtas i en militärkupp.

Det var 1970 som den socialistiske läkaren Salvador Allende valdes till president i Chile. En latinamerikansk regering med socialistiskt program ogillades starkt av USA:s regering, som sedan länge betraktade Latinamerika som sin egen bakgård. Henry Kissinger, som var nationell säkerhetsrådgivare hos president Richard Nixon, sade inför valet: *Jag kan inte förstå varför vi ska behöva acceptera att ett land blir kommunistiskt bara på grund av den bristande ansvarskänslan hos dess eget folk*. Strax efter Allendes valseger noterade Richard Helms, CIA:s dåvarande chef, efter ett sammanträde i Vita huset: *Presidenten hade beordrat mig att anstifta en militärkupp i Chile, ett demokratiskt land*.

Militärkuppen kom den 11 september 1973. Allendes regering störtades av den chilenska militären under ledning av general Augusto Pinochet. Militären var uppmuntrad, utbildad och utrustad av USA:s regering. Kuppen sponsrades och stöddes av multinationella företag och en inhemsk elit. En tid av terror följde. Människor med vänsteråsikter fängslades, torterade och mördades. Bland de drygt 3 000 mördade fanns sångaren Victor Jara. Sveriges ambassadör, Harald Edelstam, gjorde under tiden närmast efter kuppen en stor insats för att med okonventionella metoder rädda förföljda och dödshotade. Flera kom till Halmstad. Edelstams engagemang retade upp militärjuntan och vid flera tillfällen attackerades ambassaden med brandbomber och skottlossning. I december förklarades Edelstam vara *non grata* och fick lämna Chile.

Redan 1971 hade *Svenska Solidaritetskommittén för Folkfrontsregeringen* bildats. Månaderna efter kuppen bildades *Chilegrupper* runt om i landet. De enades i den nationella *Chilekommittén*, som gav ut *Chilebulletinen*.

Många av de förföljda chilenare som lyckades undkomma hamnade först i ett flyktingläger i Alvesta. Chilekommitten och andra organisationer tog initiativ till att en del kunde få fira julen 1973 i svenska hem. Till vårt hem – då i Mölndal – kom två unga uruguayaner som råkade heta Josef och Maria.

I Halmstad hade SSU en ***Chilekommitté.*** *S*ocialdemokraternas Kvinnoklubb ordnade ett upprop för chilenska kvinnor i fängelse. På ettårsdagen av kuppen tog SSU initiativ till ett fackeltåg och opinionsmöte mot Pinochets regim. Vid ett annat möte i Halmstad deltog Harald Edelstam.

Med hjälp från Amnestys Halmstadsgrupper lyckades en del av de förföljda latinamerikanerna komma till Halmstad.

I Båstad var det 1975 åter dags för demonstration mot en tennismatch. Denna gång skulle det spelas en Davis cup-match mellan Sverige och Chile. Det kom omkring 6 000 demonstranter som ville stoppa matchen. Polisen hade nu, med erfarenheterna från demonstrationen 1968, samlat större styrkor och det hela avlöpte fredligt. *De enda som sökte våld i Båstad var berusade raggare som ville spöa demonstranter när dessa återvände till sina bussar*, skrev HP som hade förstadiesrubriken *Demonstranterna vann sin match*.

Matchen kunde spelas och Sverige gick för första gången till världsfinal i Davis cup.

Blod i Halmstad hjälper afrikaner

I Afrika pågick förändringar. De europeiska staternas kolonisering av Afrika hade förändrat det ekonomiska livet på kontinenten och innebar framförallt en ensidig export av naturresurser, en plundring av kontinenten. Sedan 1960-talet hade avkolonisering pågått, men kolonisatörerna hade sällan frivilligt lämnat över. Den vänsterinriktade nejlikerevolutionen mot fascistdiktaturen i Portugal 1974 ledde till en snabb frigörelseprocess för de portugisiska kolonierna; Angola och Moçambique blev självständiga 1975. Det självständiga Moçambiques *FRELIMO*- regering med Samora Machel som president motarbetades dock av den antikommunistiska *Renamo*s miliser, som fick militärt stöd från Sydafrika och det vita Rhodesia. Kriget slutade inte förrän 1992.

I Sydafrika pågick fortfarande förtrycket av den svarta majoriteten. Den vita regeringen censurerade nyheter och tystade ner oppositionsledare. Polisen och militären slog till hårt mot svarta *townships* och antiapartheid-grupper. Tortyr och misshandel var vanligt i fängelserna. Nelson Mandela, som många år senare blir Sydafrikas president och får Nobels fredspris, betraktades som terrorist. Han satt fängslad på *Robben Island*, gripen 1962 av apartheidregimen med hjälp från amerikanska CIA.

I Rhodesia hade gerillakriget som *Patriotiska fronten* (*ZANU* och *ZAPU*) fört mot Ian Smiths regim lett till att den vita regimen 1979 lämnat ifrån sig makten.

Afrikagrupperna i Sverige, bildades 1974. Det är en solidaritetsorganisation inriktad på situationen i södra Afrika. Organisationen är partipolitiskt och religiöst obunden och eftersträvar en rättvisare värld. Afrikagrupperna stödjer ett femtiotal organisationer i Angola, Namibia, Moçambique, Sydafrika och Zimbabwe samt regionala program och utbyten.

Afrikagruppen i Halmstad bedrev opinionsarbete och penninginsamling. Med anledning av Angolas självständighet skrev gruppen I november 1975 till de halländska riksdagsledamöterna ett brev där man betonade att MPLA (*Movimento Popular de Libertação de Angola*; *Folkrörelsen för Angolas befrielse*) är den enda rörelse som kan garantera nationell enhet för den nya afrikanska staten och att det inte var ett inbördeskrig som pågick i Angola utan att det var fråga om utländsk aggression. Gruppen krävde att Sydafrikas agerande skulle fördömas. Vid offentliga föredrag informerade gruppen bland annat om situationen i Rhodesia och i Sydafrika. Man poängterade att apartheidsystemet var roten till det onda och att den upprätthölls med ekonomiskt stöd från USA, Västtyskland, Storbritannien, Frankrike och Japan och att flera svenska företag stödde regimen. Man ordnade demonstrationer med paroller som *Svenska företag ut ur Sydafrika* och *Total bojkott av Sydafrika.*

Tillsammans med FNL gruppen, FIB-gruppen, Chilekommittén och Spanienkommittén ordnade Afrikagruppen under parollen *Bekämpa USA-imperialismen* en vecka möten och demonstrationer. Man visade även filmen *Smältugnarnas timme,*

Isolera Sydafrika-Kommittén (ISAK) bildades i vårt land 1978. Den fungerade som en paraplyorganisation för ett flertal organisationer, engagerade i kampen mot apartheid i Sydafrika och Namibia.

ISAK-gruppen i Halmstad startade 1986. Man bedrev såväl aktioner mot apartheid som annat solidaritetsarbete med Södra Afrika. Till landstinget i Halland skrev gruppen och begärde att landstinget skulle sluta att handla med Shell som hade engagemang i Sydafrika.

ISAK-gruppen samarbetade med Emmaus. Man sände bland annat kläder från Emmaus till ANC:s (*African National Congress)* verksamhet i Tanzania.

Drivande personer i såväl Afrikagruppen som i ISAK var framförallt Doris Johansson och Ulf Halldin.

Solidaritetsarbetet när det gäller Afrika började för min del med en studiecirkel om Afrikas frihetskamp 1976. Sedan handlade det om att på olika sätt dels stödja de stater som nyligen blivit självständiga, framförallt Moçambique, där vännerna Anders och Christina Hernborg arbetade, dels delta i opinionsbildningen mot apartheidregimen i Sydafrika.

Vi försökte få in pengar till frihetsrörelserna genom att uppmana människor att bli blodgivare och låta ersättningen gå till Frihetsskolan *Solomon Mahlangu Freedom College*, ett utbildningsläger som byggts i Tanzania och drevs av den sydafrikanska befrielserörelsen , ANC. Dock lyckades vi inte få blodcentralen att slussa pengarna direkt till insamlingskontot; varje blodgivare fick själv ordna detta.

Ja vi kan vi vill vi törs

Man kan säga att 1968 var ett slags symboliskt startskott inte bara för en mängd rörelser med anti-imperialism och internationell solidaritet på programmet utan också för en ny kvinnorörelse. Den tidigare kvinnorörelsen hade handlat framför allt om kvinnors rösträtt och rätt till utbildning och förvärvsarbete (dramatiserad i SVT:s serie *Fröken Frimans krig*). Den kvinnorörelse som uppstod på 60- och 70-talen var mer radikal, inte minst i sitt språkbruk. I debatter om ojämlikhet mellan könen kom ord som patriarkat, kvinnoförtryck, exploatering, feminism och sexism att användas. I en del proteströrelser upptäckte kvinnor att det mest var män som pratade och att kvinnor fick koka kaffe. Man började fråga efter kvinnoförtryckets orsaker och upprätthållande. Det som i dag kallas genusforskning började växa fram.

I Stockholm bildade åtta kvinnor 1968 något som kallades *Grupp 8*, som efter ett par år utvecklades till en öppen kvinnoorganisation. Gruppen drev frågor som daghem åt alla barn. arbete åt alla, arbetstidsförkortning, fri abort och rätt till smärtlindring vid förlossning. *Arbetets kvinnor* bildades 1973 av några som bröt sig ur Grupp 8 då de fann att gruppen lämnat den ursprungliga socialistiska grunden. I Musikalen *Jösses flickor - Befrielsen är nära!* av Margareta Garpe och Suzanne Osten sjöng man 1974: *Kan vi vill vi törs vi? Ja vi vill vi kan vi törs*. Den framfördes även i Halmstad.

Stödstrumporna var ett kvinnligt nätverk som 1991 tillkom på initiativ av Maria-Pia Boëthius. Det hade tre krav: halva den politiska makten, hela lönen (det vill säga lika lön för arbete av lika värde) och slut på våldet mot kvinnor och barn.

Kvinnogruppen i Halmstad började som en studiecirkel hos ABF våren 1976. Man fick snabbt ihop en grupp på ett trettiotal kvinnor. Offentligt framträdde gruppen första gången på Internationella kvinnodagen samma år, då medlemmarna delade ut flygblad vid bokbord på Stora torg.

Kvinnogruppen krävde lika lön för lika arbete, gratis dagis, nej till vårdnadsbidrag, sex timmars arbetsdag för alla och man sade nej till utnyttjande av kvinnor som sexobjekt, reklam och pornografi.

Gruppen debatterade med stadens politiker om förskolor och man deltog i Alternativfestivalerna. Man polisanmälde HP för koppleriverksamhet eftersom tidningen tog in så kallade kontaktannonser. På skyltsöndagen i december 1977 deltog gruppen tillsammans med flera andra organisationer i en aktion mot krigsleksaker. Året därpå ordnade man en utställning på Vallås bibliotek om kvinnors förvärvshinder. Under ett par års tid deltog gruppen i firandet av Internationella kvinnodagen.

Kvinnogruppen upplöstes 1982 och flera medlemmar fortsatte istället sina aktiviteter i lokalgruppen av Kvinnor för fred.

S-kvinnor i Halmstad gick i mars 1985 under mottot *Befria kärleken* till storms mot pornografiska tidskrifter. Ett hundratal kvinnor slog läger utanför den norske porrkungen Leif Hagens butik på Ringvägen. Kvinnorna skanderade:
Ändra lagen – stoppa Hagen.
Manifestationen hindrade många presumtiva kunder från att komma in och köpa *Lady Fuck* och andra porrtidningar. På aktionens tredje dag kom butikens ägare ut och bjöd kvinnorna på kaffe.

Något stopp för porrtidningar åstadkom kvinnorna inte.

Kvinnojourer tar hand om misshandlade kvinnor. De flesta kvinnojourer drivs av ideella organisationer med hjälp av volontärer. Samhället betalar också ut stöd till kvinnojourerna. Det är privatpersoner, inte experter, som på kvinnojourerna ger stöd och vägledning i kontakter med myndigheter och ger hjälp till skyddat boende. I Sverige startade de första kvinnojourerna 1978. Under 80-talet tillkom många nya och 1984 bildades *ROKS, Riksorganisationen för Kvinnojourer och tjejjourer i Sverige,*

Kvinnojouren i Halmstad startade hösten 1982 och fick så småningom tillgång till en lokal på Viktoriagatan. Efter en kort tid uppkom en kontrovers. Gruppens ordförande, Carin Thorstensson, gifte sig med den misshandlande maken till en av de kvinnor Kvinnojouren tagit hand om. Händelsen gav upphov till stora rubriker i HP. Carin lämnade såväl Kvinnojouren som Miljöpartiet. Gruppen fick en nystart med bland andra Kerstin Hägertz och Britta Westerström som drivande krafter.

Kvinnojouren i Halmstad har fortsatt genom åren och heter nu *Kvinnojouren Viktoria*.

Tjejjouren i Halmstad startades 2003 av Fatima Svanå och Clara Christiansson. Till att börja med fungerade gruppen formellt som en del av Kvinnojouren Viktoria men efter ett par år blev man en självständig organisation.

Fatima Svanå, som också var medlem av Riksorganisationen för Kvinnojourer och tjejjourer i Sverige, blev gruppens första ordförande, ett uppdrag som hon fortsatte med i fyra år. Tjejjouren hade ett tjugotal medlemmar, i åldrarna 16–28 år. De delade upp sig i olika verksamhetsgrupper. Några arbetade med självförsvar, andra med skolinformation eller opinionsbildning. Några tjejer som studerade på Högskolan skötte hemsidan och en sorts mejl-jour.

Tjejjouren utförde en undersökning på bensinmackar om pornografisk litteratur och ordnade demonstrationståg mot mäns våld mot kvinnor.

Så småningom minskade aktiviteterna och även om Tjejjouren inte formellt lades ned bedrevs under ett antal år ingen aktivitet. Men 2012 hörde ett par tjejer av sig och ville komma igång med verksamheten igen. Det blev en omstart, nu med namnet ***Han hon hen***.

Internationella kvinnodagen högtidlighålls i flera länder sedan 1910 då den socialistiska kvinnokonferensen som hölls i Köpenhamn detta år förklarade 8 mars vara en högtidsdag för kvinnosolidaritet

Från HP:s arkiv finner jag första notisen om firande i Halmstad 1958 då Socialdemokraterna hade ett offentligt möte på Folkets hus. Sång, uppläsning och bildband stod på programmet. Flera år tidigare hade dock s-kvinnorna i bland annat Getinge och Kvibille firat kvinnodagen. Kvinnogruppen i Halmstad ordnade 1978 tillsammans med SKP, KDS och FIB/Kulturfront torgmöte mot prostitution och porr. Fredsgruppen i Halmstad hade på kvinnodagen 1979 öppet hus på Haldaskolan med fika, film och debatt.

Under firandet i början på 1980-talet medverkade bland andra Agneta Norberg, Maj-Britt Sandlund och Nancy Eriksson som talare. I alternativrörelsens Huset på Kyrkogatan firades Kvinnodagen med sång och musik. Kvinnor för fred presenterade sig vid firandet 1982 i Figarosalen där det ingick sång, musik och dans med sju nationer. VPK och Kommunistisk Ungdom (KU) hade torgmöte med insamling till *Solidaritet* i Polen och till folket i El Salvador. Tre musikgrupper hade konsert: *Rock mot högern*.

Ett år lyckades s-kvinnorna få det lokala bussbolaget att ha flaggor på bussarna den 8 mars. När de föreslog samma sak året därpå fick de beskedet att det bara är när HBK spelar hemmamatch som man flaggar på bussarna.

Moderatkvinnorna höll möte på Stora torg i anslutning till kvinnodagen 1984. Flera olika kvinnoorganisationer samlade in pengar till ett Kvinnohus i Bangkok på kvinnodagen 1986. Året därpå hade s-kvinnorna tillsammans med Kvinnor för fred dagen inriktad på textilarbetarnas situation.

I fortsättningen har Internationella kvinnodagen årligen firats i Halmstad av flera olika organisationer.

Sänk våra löner

Under 1976 startade i Halmstad Nissans Jazzförening och musikgruppen Isildurs Bane. HBK vann allsvenskan och Socialdemokraterna förlorade regeringsmakten efter 44 år; Centerpartiets ledare Torbjörn Fälldin blev statsminister och svek sitt löfte om kärnkraften. I Soweto dödades ett stort antal skolungdomar i samband med en fredlig demonstration mot Sydafrikas apartheid. Och några läkare i Sverige sägs den 14 oktober 1976 ha satt morgonkaffet i vrångstrupen när de i tidningen läste att 18 läkare i Halmstad krävde att få sänkt lön. Tidningsartikeln byggde på ett debattinlägg vi skrivit i Läkartidningen.

Vi var många som upprördes över den fattigdom som gjorde, att barn i Asien, Afrika och Latinamerika dog i onödan. Många insåg att detta bara var en liten detalj i en helhetsbild av förfärande orättvisor, orättvisor som 1976 fortfarande ökade. En värld där en minoritet levde i extrem lyx medan en majoritet levde i ofattbart elände. Många nöjde sig med att konstatera att världen var som den var. Och gladdes möjligen över att ha dragit en vinstlott i livets stora lotteri, blivit födda i den rika världen. Andra frågade sig hur man skulle kunna åstadkomma en ändring.

Snedfördelningen av rikedomarna i världen är delvis en produkt av Västvärldens kolonialpolitik. Och vår livsform fortsätter att bygga på en exponentiellt ökande förbrukning av jordens icke-förnyelsebara resurser.

Med några kamrater hade jag i studiecirklar resonerat kring dessa frågor. Vi hade kommit fram till att det inte var rimligt, att den höglönegrupp som vi ingick i skulle kräva ytterligare ökning av vår konsumtion. För att en rimligare fördelning av resurserna ska kunna ske måste naturligtvis de stora löntagargrupperna i i-länderna minskar sina krav. Men det var orimligt att kräva att svenskar med lägre inkomster skulle avstå medan höglönegrupper fortsatte att ta för sig. De mest privilegierade måste självfallet i första hand minska sina anspråk.

Vi skrev därför ett debattinlägg *Jordens resurser och våra löner*, som blev infört i SACO/SR-tidningen nr 4. Vi hade fått med oss mer än 50 SACO-medlemmar i Halmstad som undertecknare. SACO-artikeln följdes upp med ett inlägg i Läkartidningen, undertecknat av 18 Halmstadsläkare. Inlägget avslutades med:

Vi vill uppmana alla som instämmer i detta upprop att i lokala och andra fackliga sammanhang sprida dessa idéer, skriva motioner i denna anda mm så att vi får en debatt som opinionsmässigt kan bana vägen för praktiska resultat. Vi kan inte som hittills bara vänta på att någon annan i morgon skall ta det steg som vi själva borde tagit i går.

Som svar på aktionen fick vi dels några brev med instämmanden från kolleger runtom i landet, dels en del negativa kommentarer i vår fackliga press. Debattörer i SACO- tidningen ansåg att Sverige i själva verket inte hade för stora utan tvärtom för små löneskillnader. Vidare påstods att u-ländernas befolkningsexplosion var ett större problem än den rika världens konsumtion.

Vi tyckte att dessa invändningar bara utgjorde svepskäl. Många ville tro att man kunde vara solidarisk utan att behöva avstå något. Självfallet insåg vi att man inte löser världsproblemen med den enda åtgärden att sänka högavlönades reallöner. Det finns ingen automatisk överföring mellan läkarlönekontot och u-hjälpskonton. Men en av flera nödvändiga förutsättningar för att åstadkomma rimliga levnadsförhållanden i u-länder är att privilegierade grupper (i såväl i-länder som u-länder) accepterar en rättvisare fördelning av resurserna. På vår jord med ändliga naturtillgångar måste detta innebära en sänkning av den materiella standarden för dem som konsumerar mest. Och en blygsam början måste rimligen komma från höglönegrupper

I SACO/SR-tidningen skrev vi ett svar på kritiken. Rubriken blev *De obotfärdigas förhinder*. Vi höll med om att befolkningsfrågan var viktig. Den löses inte genom att man bara distribuerar preventivmedel. Historiskt sett har det fordrats en förbättring av fattiga människors standard innan det kommit en minskad befolkningstillväxt. Vi påpekade att i-landsmänniskan mycket mer än u-landsmänniskan tär på jordens resurser. Vår standardexplosion är farligare än u-ländernas befolkningsexplosion.

Vi menade att frågan om resursfördelning var en facklig fråga. Med fackliga stridsåtgärder kan vi förhindra att beslut om utjämning som fattas i demokratisk ordning kan genomföras. Om vi menar allvar med prat om rättvisa måste vi alltså motarbeta det egna fackets egoistiska krav, som krav på ständiga reallönestegringar.

Vi påpekade också att läkarna bör acceptera lönesänkningar inte bara för u-ländernas skull. Även i Sverige finns orättvisor. Högre läkarlöner innebär mindre resurser till andra grupper inom offentliga sektorn.

Vi följde upp debattartiklarna med en motion till Läkarförbundets fullmäktigemöte 1976, där vi yrkade att förbundet skulle ta upp samtal med regeringen för att åstadkomma en koppling mellan minskade lönekrav från höglönegrupper och ökade biståndsinsatser till u-länder. Vi yrkade också att Läkarförbundet frivilligt skulle acceptera reallönesänkningar vid kommande förhandlingar. Fullmäktigeförsamlingen avslog den utan debatt. Aret därpå lämnade vi in en ny motion, denna gång undertecknad av drygt 50 av läkarförbundets medlemmar.
Vi yrkade att
läkarförbundet som en konsekvens av allt fler medlemmars ökande intresse och ansvar för samhällsfrågor initierar en grundlig diskussion om läkarkårens roll i samhällsutveckling, inte bara ur dagens ekonomiska perspektiv utan framförallt i belysning av allt mer oroande fakta om morgondagens värld.

Även detta modesta krav avslogs.

I Läkartidningen läste vi vittnesbörd om hur svårt läkare hade att klara sig och familjen på den magra lönen. Läkarförbundet hade presenterat upprörande siffror som visade att en 32-årig underläkare efter att ha betalt skatt, studielån och barnomsorg bara hade 5 840 kronor kvar per månad. Det mest upprörande tycktes vara att detta bara var 1 000 kronor mer än vad sjukvårdsbiträdet hade att disponera. Tusen kronor mer per månad. Tolvtusen kronor mer under ett år. Den fråga man borde ställa sig var väl: Varför behöver underläkaren så mycket mer än ett sjukvårdsbiträde? Hur klarar sig sjukvårdsbiträdet på sin lön?

Skråegoismen förblindar omdömet. Inskränktheten saknar gränser när det gäller att argumentera för den egna gruppens förmåner.

EXPRESSEN

Torsdagen den 14 oktober 1976

18 LÄKARE
i Halmstad kräver
SÄNKTA
LÖNER
"Vi tjänar för mycket"

STOPP!
Inget starköl
på pubar
och diskotek

STOPP!
Inga korta
kjolar på
lasarettet

Halmstadspengar till latriner och svingårdar

I mitten på 1970-talet hade några löntagare runtom i Sverige i väntan på en ordentlig statlig u-landsskatt ålagt sig en frivillig sådan och inbetalade regelbundet en del av lönen till ett solidaritetskonto. Även i Halmstad bildade vi en sådan grupp 1976. Den utvecklades ur en studiecirkel som sammanträdde på fredagar och kom därför att kallas ***Fredagsgruppen i Halmstad***. Ett dussin personer, många läkare, ingick i gruppen, som fortfarande existerar. Vid sammanträden några gånger per termin beslutar vi om hur pengarna ska användas. Medlemmarna betalar in varje månad en del av sin lön till ett gemensamt konto. Ett visst belopp har inte fixerats men ett förslag var att man sänder ungefär 10 % av nettolönen.

Huvudsakligen stöder gruppen små biståndsprojekt som vi kan ha direktkontakt med, till största delen i Afrika och Latinamerika men även några projekt i Asien.

I Afrika har Fredagsgruppen stött bland andra *Ikhala Trust*, som bedriver lokalt arbete mot HIV/AIDS i Sydafrika, ett skogsplanteringsprojekt i Moçambique och *Ssenyange Education Centre* i Uganda. I Tanzania har bidrag gått till *NDUGU-föreningens* sjukstugeprojekt i Kizagam, Barbro Johanssons flickskola via *JOHA Trust*, Byskogen i Karatu och *Ihushi Development Centre*. Dessutom har Frihetsrörelser som ANC och SWAPO (*South-West Africa People's Organisation*), fått stöd.

I Asien har vi stött *Jagriti Vihara*, ett byutvecklingsprojekt i delstaten Jharkhand, Indien, ett lantbruksprojekt i Vietnam och *Svenska Afghanistankommitténs* verksamhet i Afghanistan. *Läkare utan gränser* har fått bidrag, i samband med översvämningarna i Pakistan och kriget i Syrien, och *UNHCR* i samband med flyktingkatastroferna 2015.

I Latinamerika har *CERSO*, ett aktivitetscentrum för ungdomar i Santa Teresa i Chile, fått stöd i flera år. Vi har även stött ett hem för gatubarn, speciellt flickor, i Concepcion i södra Chile. I Nicaragua har *Accion Medica Cristiana* fått bidrag för hälsoprojekt i fattiga områden vid Costa Attantica och Matagalpa, Via *Vänskapsföreningen Sverige-Nicaragua* har vi stött olika småprojekt, bland annat mikrokrediter för svinuppfödning, ett projekt för hemträdgårdar i en fattig by i Posoltega, bygge av latriner i Matagalpa och dricksvattenbrunnar till Barrio Rabies i Managua. I Haiti har vi stött Olof Palmes skola och i samband med den stora jordbävningen *SOS Barnbyar.*

I Palestina har Fredagsgruppen gett bidrag till *Tent of Nations*, en organisation som stöder samarbete mellan ungdomar från olika länder samt till handikapp- och utbildningscentret i Shu´fat flyktingläger och *Gaza Community Health Care Program.*

Ihushi development centre i Tanzania är
ett av de projekt som fått stöd från Fredagsgruppen

Piller, sprutor och bäcken

Arbetet i Halmstad för Latinamerika och Afrika handlade inte bara om opinionsbildning och penninginsamling. Vi sände även mediciner och kasserad sjukvårdsutrustning.

– Det har kommit en last med läkemedel från Moçambique till oss. Vet du något om detta?

Det är läkemedelsföretaget Draco i Lund som ringer till mig och undrar.

Inte begriper jag hur det gått till. Men tydligen har en last med läkemedel som vi skickat från Halmstad till Moçambique av någon anledning inte lossats i hamnen i Beira utan skickats tillbaka till Sverige – och adresserats till Draco eftersom läkemedlen ursprungligen kommit från detta företag. Även en del av vännerna Hernborgs packning hade tidigare råkat ut för en liknande malör: att bli återsänd till Sverige.

Vi ordnar så lasten ska åka tillbaka till Afrika och hamna rätt.

Gruppen Halmstadsläkare med känsla för internationell solidaritet hade undan för undan utökats. Vi var ett femtontal kolleger och vänner som sedan en tid hade samlat in användbara läkemedel för att sända till Södra Afrika och Nicaragua. Tack vare mina kontakter med olika läkemedelsföretag fick vi ibland stora partier av mediciner som på grund av namnbyten eller annat inte längre skulle säljas i Sverige. Bland annat hade vi fått mycket astmamediciner från Draco. Det var tydligen en sådan sändning som råkat bli skickad tillbaka till Sverige och hamnat hos Draco i Lund.

En apotekare som sympatiserade med vår verksamhet hjälpte oss att skriva ut nya etiketter med engelsk eller spansk text på de läkemedelsförpackningar vi skickade. Vi hade personliga kontakter med mottagande sjukvårdspersonal i de länder vi sände läkemedlen till.

Inte bara läkemedel utan även sjukvårdsmaterial skickade vi. Arbetet med sjukvårdsutrustning och mediciner skedde till en början hos mig på Gaggegatan. Vi hade förrådet i källaren. Senare flyttades lagret och arbetet till ett förråd i sjukhusets källare.

När vi hade packningsdag kom kamraterna med kartonger och plastkassar fyllda med begagnade sprutor och sprutspetsar, katetrar som blivit för gamla, gummihandskar, pincetter, spottkoppar, etermasker, kryckor och bäcken. Och mycket annat.

Väldigt mycket av sådant som används i sjukvården numera är engångsmaterial som slängs efter användandet. På alla engångsartiklar finns ett sista förbrukningsdatum. När det gått ut tas artiklarna bort från sjukhuset. Det mesta destrueras. En hel del kan emellertid steriliseras och återanvändas. Allt vi fick var sådant som enligt hygienkommittén på sjukhuset inte längre skulle användas i vår sjukvård. Men som våra kolleger i u-länder ropade efter.

Vi rengjorde, sorterade och packade. Stoppade 100 rengjorda sprutor i varje plastpåse och satte på en etikett:
The content of this package has been used once and must be sterilized before use.
Så packade vi allt i kartonger och skrev listor över innehållet i varje kartong.

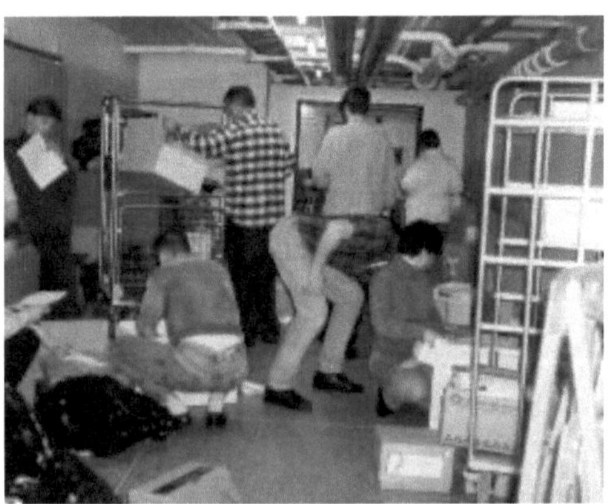

När vi hade tillräckligt mycket färdigt skickade vi det, ofta via organisationen *Brödet och Fiskarna* i Västerås, som hade SIDA-anslag för sina transporter

Alternativ i Norre Katts park

Från 1975 till början av 1980-talet ordnade ett antal alternativ-organisationer varje sommar under ett veckoslut **Alternativfestivalen**. Den skulle vara alternativ till den kommersiella *Laxivalen*. Vi höll till på Bastionen och i Norre katts park, utom vid de tillfällen då kommunstyrelsen inte gav tillstånd för Alternativfestival i parken; då blev det Örjansskolan i stället. Det bjöds på mycket musik från visa till rock. Bland poeteter, sångare och musiker som uppträdde fanns bland andra Elsa Grave, Ann-Charlotte Alverfors, Peter Palmkvist, Eva Bartholdson, Beryl Johansson, Thomas Wiehe, Jan Hammarlund, *Tobbe Johansson,* Monica Törnell och Björn Afzelius. Till de lokala grupper som uppträdde hörde Andra bullar, Isildurs bane och Tottas bluesband.

Det förekom också teater och andra kulturaktiviteter. På Bastionen hade de olika alternativgrupperna utställningar och där fanns olika *göra själv-aktiviteter.* Blåsorkestern Åderlåtarne medverkade alltid.

Någon formell organisation för Alternativfestivalerna fanns inte. Det var ett antal engagerade människor från olika solidaritetsrörelser som under våren sammanträdde och kom överens om programmet. Vi hade de mest skilda kulturella bakgrunder. Vid ett sammanträde utspann sig följande konversation:

– Och så ska vi ha med Björn Afzelius.

– Vem är det? frågar jag.

– Han är en sångare och musiker med hjärtat till vänster, svaras.

– Och så ska vi ha Elisabeth Hermodsson, föreslår Roland Andreasson.

– Vem är det? undrar en ung tjej.

– Det är Sveriges främsta nu levande poet. säger Roland.

Knölaktigt och svinaktigt anser miljögruppen

Under det tidiga 1900-talet handlade miljöfrågorna till stor del om förorening av vatten genom dålig rening av avloppsvatten. På 1960-talet observerades fågeldöd och man fann att fåglar förgiftades av bland annat kvicksilver i behandlat utsäde. Problemen uppmärksammades bland annat genom Rachel Carsons *Tyst vår* och Hans Palmstiernas *Plundring, svält, förgiftning*. Nästa miljöproblem som uppmärksammades var försurningen av sjöar och besprutningen av skogsplanteringar med miljögifter som hormoslyr. Och så kom kärnkraften och dess avfallsproblem. En Insikt om växthusgasernas inverkan på framtida klimat kom sent.

En del människor engagerade sig för miljön och det bildades miljögrupper och miljöorganisationer av olika slag. Man kan inte säga att det finns en viss organisation som kan kallas Miljörörelsen. Många olika grupper, nätverk och organisationer samsas under detta begrepp. En del är inriktade på samarbete med etablissemanget, som *Världsnaturfonden*, WWF, medan andra är inställda på konfrontation, såsom *Greenpeace*. Några har många medlemmar, som *Naturskyddsföreningen*, andra har få, som *Miljöförbundet Jordens Vänner.* Några är inriktade mot näringslivet, som *Det Naturliga Steget.* Andra, som *Miljöcentrum,* driver skadeståndsprocesser mot miljösyndare. En del aktionsgrupper är tillfälliga och driver en viss fråga, som *Motlänken*. Andra, som *Greenpeace*, håller igång protester hela tiden.

En frontfigur i den tidiga miljörörelsen var Björn Gillberg, som 1971 samlade ett flertal lokala aktionsgrupper till *Miljögruppernas Riksförbund*, MIGRI. På dagordningen stod framför allt giftspridning i naturen och gifter i maten. Rörelsen splittrades redan året därefter, och en mer radikal gren, *Miljöförbundet*, såg dagens ljus.

I Halmstad startades hösten 1971 en studiecirkel om miljövård. Ledare var Bruno Toftgård. Cirkeln blev startpunkten för ***Halmstads miljövårdsgrupp***, som först anslöts till MIGRI, men efter splittringen på riksnivå 1972 kom att tillhöra *Miljöförbundet*.

Svenska Naturskyddsföreningen bildades redan 1909. ***Halmstads Naturskyddsförening*** startade 1969. Som namnet antyder var fokus för föreningens intresse från början det rena naturskyddet.

Under 70-talet präglades förhållandet mellan de två grenarna av natur- och miljörörelsen i Sverige av ömsesidig misstro. Naturskyddsföreningen kunde sägas ha dominerats av medelålders och äldre män, ofta med anknytning till skogsnäringen och med konservativ samhällssyn. De nya miljögrupperna bestod av unga aktivister som gick till storms mot alla former av miljöförstöring, som demonstrerade, delade ut flygblad och genomförde mer eller mindre lagliga aktioner. Klyftan fanns även *inom* naturskyddsföreningen, vars ungdomsorganisation ***Fältbiologerna*** antog miljörörelsens mer militanta kampmetoder. I Halmstad fanns under 70-talet en mycket aktiv grupp av fältbiologer.

Halmstads miljövårdsgrupp ägnade sig under 70-talet åt studier och kampanjer, mot slybekämpningsmedlet *Hormoslyr* (som förbjöds 1977), mot etableringen i Halmstad av Pilkingtons glasbruk, mot utsläppen från spilloljeraffinaderiet Bitoil (sedermera ScanFuel och Reci), mot den omfattande användningen av kemiska bekämpningsmedel vid potatisodling och mot oetiska och miljöskadliga metoder vid grisuppfödning. Kampmetoderna var fredliga: insändare i HP, namninsamling, offentliga debatter och ett par uppmärksammade utställningar: *Potatisen – en knölaktig historia* och *Grisuppfödning - en svinaktig* historia. I utställningen togs användningen av antibiotika i grisfodret upp som ett stort problem. Antibiotikakritiken ogillades av uppfödarna, men ledde så småningom till förbud.

Naturskyddsföreningens verksamhet ändrade karaktär och breddades från och med 80-talet. Nu handlade det inte bara om naturskydd utan om hela spektret av frågor som rör vår livsmiljö. Därmed fanns inte längre någon avgörande motsättning mellan olika grenar av miljörörelsen i Sverige.

Ett viktigt genombrott för Naturskyddsföreningens mer utåtriktade miljöarbete var *Miljövänliga veckan,* som startade 1990. Här sattes fingret på konsumenternas och handelns ansvar för att hejda miljöförstöringen.

Våren 1982 genomförde Naturskyddsföreningen, Fältbiologerna och Miljögruppen gemensamt en kampanj under devisen *Håll Halmstad rent – även från gifter*. Med en debattartikel i HP och informationsmöten ville man påverka användningen av bekämpningsmedel och konstgödning i privata trädgårdar. Kommunen uppmanades engagera sig - inte bara mot vanlig nedskräpning.

Halmstads Miljövårdsgrupp tynade av i början av 80-talet. Orsaken kunde spåras bland annat i Naturskyddsföreningens omställning. Man upplevde att det inte behövdes två organisationer med i stort sett samma inriktning. Miljöpartiets tillkomst 1981 bidrog i hög grad till att suga upp många av de aktiva i miljögruppen.

Från utställningen om en svinaktig och en knölaktig historia

Giftfri mat och Mudimumsar

En del miljöengagerade intresserade sig särskilt för matfrågor. Dels reagerade man mot gifter av olika slag i maten, dels mot de multinationella storföretagens makt över maten.

Man började efterfråga livsmedel från ekologisk odling, alltså från jordbruk som bygger på lokala, förnybara resurser och där handelsgödsel och kemiska bekämpningsmedel inte används.

Sommaren 1975 genomförde Halmstads Miljövårdsgrupp två studiecirklar om miljövänlig odling med Bruno Toftgård som ledare. Direkt därefter startades en ny förening: ***Matfront – Halmstad.*** Syftet var att förmedla ”giftfritt” odlade produkter från lokala odlare till medlemmar. Redan i december samma år startades försäljningen i en nedlagd kvartersbutik på Ljunggatan 6. Efter ett år flyttade verksamheten till Saluhallen vid Karl XI väg, och medlemsantalet steg till ca 200. Föreningen ordnade också offentliga möten om kost och hälsa, alternativa odlingsformer med mera. samt studieresor till alternativodlare.

Trots god omsättning upphörde försäljningsverksamheten i december 1979. Orsaken var svårigheter att få tillräckligt många aktiva medarbetare.

Ett nytt försök med en kooperativ butik för försäljning av giftfritt odlade produkter gjordes på 80-talet. ***Föreningen Halmstrået*** bildades med butik på Fredsgatan och med ett bredare sortiment av även importerade produkter. Även detta försök tvingades efter några år lägga ner när det blev för tungt att driva för ett fåtal aktiva. Man konstaterade också att en del av syftet nåtts på så sätt att många vanliga butiker börjat saluföra obesprutade produkter.

Sentida uppföljare till Matfront och Halmstrået är *Mossagården* med utlämningsställe i *REKO-butiken* och den nystartade föreningen ***Ekofrämjarna***. Verksamheten underlättas nu av att Internet kan användas för beställningar.

Det är inte bara giftfrihet som är intressant när det gäller maten. Det handlar också om vem som äger och kontrollerar det vi äter. Stora multinationella företag har makt över vår mat. Undan för undan har det blivit allt färre och allt större företag som har inflytandet över livsmedelsproduktionen. Liksom för andra företag är viktigaste uppgiften för livsmedelsproducenterna att skapa vinst och det får ofta gå före hänsyn till människor, djur och natur.

Jordens vänner lanserade i slutet av 70-talet begreppet, ***MUDIMUMS*** – *Mat Utan DjurIndustri, Mat Utan Multinationella Storföretag* och gav ut en *MUDIMUMS-guide* där man kan se vilka företag man bör bojkotta. Avsikten är att sätta press på företagen att ta ökad hänsyn till miljö, djur och människor.

Många i alternativrörelsen tog till sig budskapet och försökte på olika sätt sprida det. I Halmstad fanns i slutet av 70-talet ett ***MUDIMUMS-matlag***.

Multisarnas makt enligt MUDIMUMS

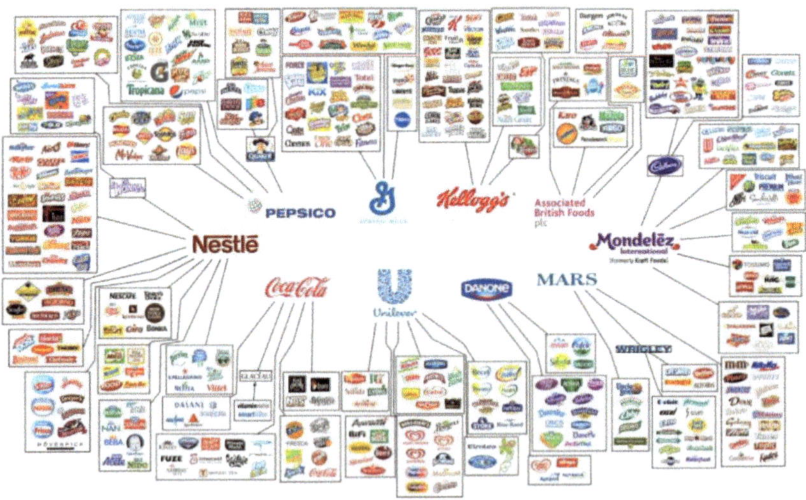

RATT mot Ringled

Halmstads kommun tog på 1970-talet fram *Trafikplan -78 for Halmstad.* Den innehöll förslag på stora nya trafikleder, bland annat en ringled med ny bro över Nissan på Söder. Utgångspunkten var prognoser om kraftigt ökad biltrafik. Förslagen mötte motstånd från miljövänner som insåg bilismens negativa miljöeffekter. Motståndet kom att kanaliseras i ***Rörelsen för Alternativ TätortsTrafik*** *(RATT).* Initiativtagare var Kenneth Andersson och Ingvar Bergman. Man protesterade mot att planen inte bara godtog utan dessutom bidrog till ökningen av biltrafiken med åtföljande miljöproblem. Gruppen genomförde en enkät bland invånarna i Halmstad: endast 15 procent av de svarande ville ha trafiklederna och mer än 67 procent sade blankt nej till dem.

RATT delade ut flygblad och ordnade demonstrationer genom Halmstad centrum, på cykel och med en egentillverkad pappbuss. Man bjöd på gratis guidad bussresa för att visa hur trafiklederna skulle förändra staden. En debatt genomfördes på Kattegattgymnasiet. Gruppen gjorde utredningar om lokaltrafiken och samlade in namn under ett upprop till Halmstads kommunfullmäktige där man krävde att planerna på Ringleden skulle stoppas. I uppropet sade man att Ringleden är onödig, bygger på orealistiska prognoser om framtida bilinnehav och biltrafik, är ett slöseri med skattemedel, som väl behövs på andra områden, den skadar den värdefulla Aleskogen och förfular staden. Den skapar fler problem än den löser och den är oönskad av majoriteten av Halmstads befolkning.

I en skrivelse till kommunfullmäktige krävde man en ny trafikplan. Biltrafiken i tätorten borde dämpas, vilket kunde åstadkommas genom bland annat utökad kollektivtrafik, utökade parkeringsrestriktioner och -avgifter, slopat krav på 50 % kostnadstäckning för lokaltrafiken, anpassade arbets- och skoltider, förbättringar för cykeltrafiken, samordnad bebyggelse och trafikplanering.

Motståndet mot den planerade Ringleden gav också upphov till ett lokalt politiskt parti, ***Alternativ ett***, som bildades inför valet 1979, med en enda programpunkt, *Nej till Ringleden*, och med ungefär samma målsättning som RATT. Partiledare var Thomas Dellans. Partiet upplöstes 1981 samtidigt som det lokala Miljöpartiet bildades. Miljöpartiet har alltsedan dess behållit sitt motstånd mot en ny förbindelse över Nissan på Söder.

Den fullständiga Ringleden, med en förbindelse över Nissan på Söder, har ännu 2017 inte kommit till stånd. Däremot byggdes tidigt Järnvägsleden, som via Wrangelsleden förbinder östra och västra delarna av Halmstad för biltrafiken.

Protestblad mot Ringleden

Marianella mördad

Vid valet i El Salvador 1972 hade militären tack vare utbrett valfusk lyckats behålla makten. Vänstern inledde väpnade aktioner mot regeringen. Armén och civila högerkrafter svarade med våldsamma repressalier mot fackföreningsledare, bondeorganisationer, präster och aktiva kristna. Från 1980 pågick ett inbördeskrig, där regeringssidan stöddes av USA. Den fattiga folkmajoriteten förtrycktes och förföljdes. Antalet människor som greps, torterades och mördades ökade. Under de första månaderna 1981 hade i genomsnitt 50 personer per dag dödats. Det rörde sig om regelrätta mord, utförda av regeringsstyrkor och av privata högergrupper.

Marianella Garcia Villas var den första kvinna som valdes in i parlamentet i El Salvador. Hon grundade och blev ordförande i den oberoende *Kommissionen för mänskliga rättigheter i El Salvador*, CDHES.

I Halmstad försökte vi på olika sätt informera om situationen i El Salvador. Vid ett möte våren 1980 i Huset på Kyrkogatan 10 bildades ***Kommittén för mänskliga rättigheter i El Salvador***. Kommittén var enligt stadgarna en politiskt och religiöst obunden ideell förening vars huvudsyfte var att stödja den förtryckta folkmajoriteten i El Salvador. Kommittén stödde CDHES. Den ursprungliga målsättningen var att samla in pengar för ett sjukstugeprojekt. Detta mål kunde vi snabbt uppfylla och redan efter ett år hade vi sänt omkring 100 000 kronor till organisationen. Undan för undan utökades verksamheten till att även omfatta opinionsbildning kring förhållandena i El Salvador. Gruppen, det ville säga framförallt Patricio Fuentes, skapade en salvadoransk nyhetsbyrå med säte i Halmstad: *Agencia Informativa Salvadorena* (AIS-press) som tog emot och översatte nyhetstelegram från El Salvador och vidarebefordrade informationen till tidningar och nyhetsbyråer i Europa. Vi översatte och distribuerade även informationsbulletiner från CDHES.

Så småningom omvandlades Kommittén för mänskliga rättigheter i El Salvador till ***El Salvadorkommittén*** och 1986 bildade vi ***Centralamerikakommittén***. Vi skrev insändare, ordnade offentliga möten, skrev till myndigheter, försökte få media att rapportera om övergreppen i Centralamerika och samlade in pengar för stöd till regionens demokratirörelser.

En del demonstrationståg ordnade vi också. När ärkebiskopen Oscar Romero i El Salvador, som kritiserat regeringens kränkningar av de mänskliga rättigheterna, mördades i mars 1980 fick vår demonstration stöd av alla de politiska partierna i Halmstad, alltså även Moderaterna, som annars inte brukade vilja vara med om sådana vänsteraktiviteter.

Amnesty tillsammans med Kommittén för mänskliga rättigheter i El Salvador inbjöd Marianella Garcia Villas att besöka Halmstad. Vid ett välbesökt möte i Figarosalen berättade hon om situationen i El Salvador. Ett år senare mördades hon.

Hon hade fått rapporter om att man i de områden i El Salvador, som gerillan kontrollerade, angrep civilbefolkningen med bland annat vit fosfor. Hon menade att det var viktigt att skaffa bevis för detta och begav sig in i stridsområdet. Några veckor senare dödades hon av El Salvadors regeringstrupper, som senare påstod att hon hade avslöjats som gerillaledare och dött i en eldstrid.

El Salvador var bara ett av de många länder i Latinamerika som styrdes av mer eller mindre fascistiska högerdiktaturer, stödda av USA. Förföljelse, fängslande, försvinnande, tortyr och mord hörde till dagen och våra media var inte så intresserade av att rapportera om övergrepp i USA-stödda länder. När man vid ett tillfälle frågade Svenska Dagbladets redaktör Einar von Bredow varför tidningen inte utförligare hade informerat om massakern I Indonesien 1965, då ungefär en miljon bönder mördades i en antikommunistisk hetsjakt, svarade han:

En högertidning är inte särskilt intresserad av att slå upp nyheter om slakt på kommunister – däremot gärna eventuella missgärningar utförda av kommunister.

USA stödde sig på Monroedoktrinen när man i Latinamerika störtade demokratiska progressiva regimer och stödde högerdiktaturer. Monroedoktrinen från 1823, som ursprungligen sade att USA inte tolererade europeisk inblandning i de amerikanska länderna, hade efter hand omformulerats till att USA hade rätt att ingripa i övriga amerikanska länders angelägenheter.

Det kalla kriget pågick. Vi i Sverige tillhörde västsidan som ansåg att Sovjet och dess allierade utgjorde det stora hotet. Antikommunismen var den ledande ideologin. Att Sovjet var odemokratiskt och hemskt var i Sverige så självklart så det inte behövde påpekas av oss i solidaritetsrörelsen. Kritik av USA:s politik var däremot sällsynt i svenska media. Vi menade att det var viktigt att även informera om vad som hände på USA:s bakgård och skrev många insändare om detta. Och blev kallade USA-hatare.

Flera länder i Centralamerika var drabbade av inbördeskrig. 1985 planerades en *Internationell fredsmarsch genom Centralamerika.* Vi bildade ***Arbetsgruppen för fredsmarschen i Centralamerika*** för att på olika sätt informera om den och samla in pengar. Arbetsmöten hade vi i Miljöpartiets källarlokal på Backhausgatan. Vid ett offentligt möte på Café Österskans berättades om marschen. Elsa Grave läste dikter. Lars Häggström och Bengt-Göte Bengtsson sjöng.

Förgäves försökte vi få några kända svenska fotbollsspelare att följa med till Centralamerika för en fotbollsmatch som planerades. Vi samlade in pengar för marschen och en av våra medlemmar, Maria Persdotter, deltog i marschen.

En diktator störtas

År 1979 var såväl Halmia som HBK med i Allsvenskan. HBK tog guldet. I Halmstad startade Pilkington och bildades Gyllene Tider. I Nicaragua störtades diktatorn Somoza.

Nicaragua hade sedan 1936 kontrollerats av familjen Somoza, stödd av USA. Sedan 1967 var det Anastasio Somoza som diktatoriskt med järnhård hand styrde landet. I början av 1960-talet hade olika oppositionsgrupper bildat *Sandinistiska fronten för nationell befrielse* (*Frente Sandinista de Liberación Nacional*, FSLN). Namnet kom från César Augusto Sandino, en frihetshjälte som mördats 1934.

Efter ett gerillakrig mot regimen störtades Somoza 1979.. Kriget hade kostat mer än 30 000 liv och landets infrastruktur var till stora delar förstörd. En provisorisk regering bildades med sandinisterna i spetsen. Man genomförde en jordreform, förstatligade stora delar av ekonomin och startade en omfattande alfabetiseringskampanj.

Somozaanhängare, som startade en väpnad kamp mot den nya regeringen, fick stöd av USA under president Ronald Reagan. USA minerade nicaraguanska hamnar. Internationella brottmålsdomstolen konstaterade att USA brutit mot internationell rätt genom mineringen och andra militära handlingar och därför var skyldigt att utge ersättning till Nicaragua. USA vägrade betala. Striderna skördade tiotusentals offer. Mycket resurser gick åt till krigföringen. Fattigdomen fördjupades. Vid allmänna val 1984 valdes sandinistledaren Daniel Ortega till landets president.

Sandinisternas revolution välkomnades av oss som var engagerade i internationellt solidaritetsarbete. I Sverige bildades ***Vänskapsförbundet Sverige-Nicaragua*** (VFSN) för att stödja organisationer och grupper i Nicaragua som arbetade för att. skapa ett bättre liv för de vanliga människorna i landet.

I Halmstad hade vi ingen lokalgrupp av VFSN men flera individer var medlemmar av vänskapsförbundet. *Internationella sjukvårdsgruppen i Halmstad* sände begagnat sjukvårdsmaterial och mediciner till Nicaragua. *Fredagsgruppen* stödde ekonomiskt olika projekt i landet

Acción Médica Cristiana i Nicaragua är
en av de organisationer som fick stöd från Halmstad

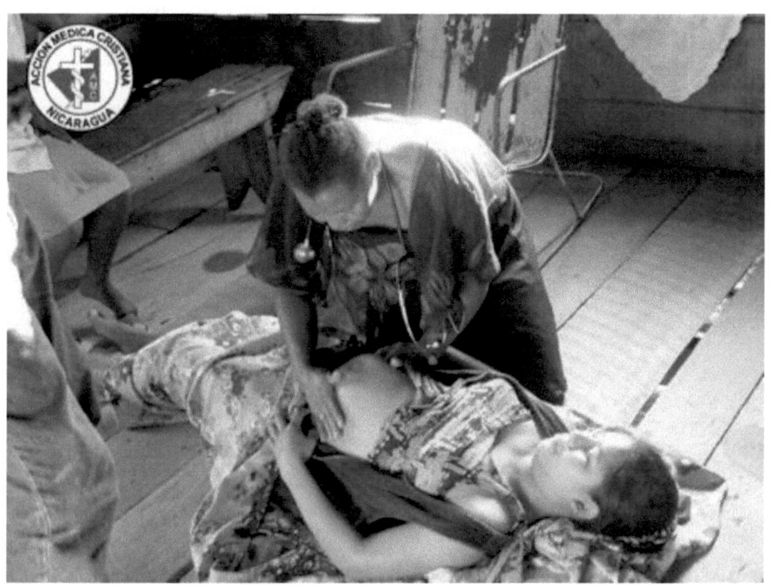

Venceremos i Ringhals,

Venceremos, Vi ska segra, marschen från Salvador Allendes kampanj i Chile, klingade från vår mässingssextett ut över Kattegatt och över de många tusen människor som i augusti 1978 kommit till Ringhals för att demonstrera mot kärnkraften. Sedan följde *El pueblo unido jamás será vencido* Ett enat folk kan aldrig besegras *och Bandera rossa,* Den röda fanan.

– Ni får inte spela i den här kolonnen, sade en centerpartist. Ni är för radikala. Det här är en grön kolonn.

Vi, det vill säga Åderlåtarne, protesterade inte mot klagomålet över vår vänsterradikala repertoar utan vandrade snällt med våra instrument över till den röda kolonnen. Benkt Högstedt med den stora bastuban, Anders Hernborg med sin lilla esskornett, Örjan Teleman med ett gammalt althorn, Ingemar Rosengren och jag med våra basuner. Vi hade alltså först råkat hamna i den gröna kolonnen, det vill säga bland centerpartister och kristdemokrater.

Det var för övrigt en glad och god stämning vid manifestationen i Ringhals. Sång, dans och tal, bland annat av skådespelaren Sven Wollter.

Även i Barsebäck var Åderlåtarne med och spelade vid stora demonstrationer. Där skanderade vi:

Va ska väck? – Barsebäck – Va ska in? – sol och vind.

Kärnkraft är vare sig ofarlig, miljövänlig eller oändlig som energikälla. Den är inte bra. Redan brytningen av uran medför stora hälso- och miljörisker. Kärnkraft kräver omfattande säkerhetsrutiner, och ändå händer allvarliga olyckor. Kärnkraftverk är mycket sårbara. Om det händer något kan konsekvenserna bli extremt allvarliga. Kärnkraften kräver säker slutförvaring av radioaktivt avfall i hundratusentals år. Radioaktiv strålning i de doser som en olycka kan åstadkomma är livsfarlig. Inte konstigt att mänga miljövänner engagerar sig mot kärnkraft.

Redan 1976 gick den första Barsebäckmarschen mot kärnkraft. Året därpå gick *Nordiska Barsebäckmarschen* med över 20 000 deltagare och 1978 en marsch Barsebäck–Lund under parollen *MARSCHEN UT UR KÄRNKRAFTSSAMHÄLLET.* En namninsamling genomfördes1979 med krav på en folkomröstning om kärnkraften och samma år hade vi *Solmarschen mot Barsebäck.*

Folkkampanjen mot atomkraft bildades 1978 och följdes av *Folkkampanjen mot kärnkraft* 1979. Kampanjens första krav var en folkomröstning om kärnkraften. Vi hade förstås en lokalgrupp av folkkampanjen i Halmstad. Gruppen ordnade opinionsmöten och delade ut flygblad i bostadsområdena.

Liksom fredsrörelsen övervakades antikärnkraftsrörelsen av SÄPO.

I mars 1980 skedde folkomröstningen. Det blev tyvärr inte två klara alternativ att rösta om: ja eller nej till fortsatt kärnkraft. Det blev tre.

Linje 1, Moderaternas alternativ, ville att kärnkraften bara skulle avvecklas "i den takt som är möjlig". Linje 2, som drevs av Folkpartiet och Socialdemokraterna, hade ungefär samma mål som linje 1 men krävde att framtida energianläggningar skulle ägas av stat och kommun. Centerpartiet, Kristen Demokratisk Samling och Vänsterpartiet Kommunisterna stod bakom Linje 3, som ville att all kärnkraft skulle vara avvecklad inom tio år.

Resultatet av omröstningen blev att linje 1 fick 19 %, Linje 2 och Linje 3 fick vardera 39 % av rösterna.

Efter folkomröstningen beslutade riksdagen att kärnkraften skulle avvecklas och satte upp ett "slutdatum" år 2010, när den sista reaktorn skulle vara ur bruk.

Kärnkraften finns kvar 2017.

Solidariska mässingsblåsare

Åderlåtarne utgjorde under ett par decennier alternativrörelsens orkester i Halmstad. Vi spelade vid alternativfestivaler, anti-kärnkraftsmarscher, centralamerikademonstrationer, fredsmanifestationer och Amnestyaktiviteter. I början var vi så unga så vi kunde marschera och spela samtidigt. Alla medlemmarna i 70-talets Åderlåtarne var medlemmar i Amnesty och de flesta hade vänstersympatier.

Orkestern började som en ren läkarorkester vid Länssjukhuset i Halmstad. Så småningom kom även andra med. Vi övade tämligen regelbundet. När vi hade konsert fick repertoaren bli beroende av vilka noter alla orkestermedlemmar kunde hitta. Några av våra vänner ansåg att vi spelade hellre än bra. Vår årligen återkommande konsert var den vi hade vid Byring & Brå-tes sommarloppis vid Gamla Söndrumsvägen. Ibland ordnade vi vid loppmarknaden även Melodikryss; jag gjorde själva korsordet och Amnestymedlemmen Sven Nordqvist (känd bland annat för böckerna om Petson och Findus) renritade.

Orkesterarrangemang piratkopierade vi från olika håll. Våra första noter kom till stor del från Lunds kommunistiska orkester. Så småningom fick vi spelningar som gav inkomster och därmed en ekonomi som tillät inköp av noter. Repertoaren vidgades. En tid dominerade de fem häftena med lättspelade populära stycken arrangerade av Hans Kolditz: det gula, det gröna, det blåa, det lila och det bruna häftet.

Utökningen av repertoaren skedde ibland på oväntat sätt. Till följd av mitt forskarutbyte med Ryssland på 1990-talet blev vi så småningom svenska rekordhållare i rysk blåsorkester-repertoar. En polis i Moskva köpte nämligen in alla blåsorkesternoter som fanns i en musikaffär och skänkte till Åderlåtarne. När vi spelade ryska stycken i samband med att mina ryska allergologkolleger besökte vårt sjukhus grät de ryska åhörarna av rörelse.

På 90-talet kom betydligt svårare stycken, bland annat en del potpurrier. Även orkesterns besättning vidgades; träblåsare inkluderades tidigt i vår orkester som startade som en mässingssextett. Trots detta kallades vi ibland *Världens största mässingssextett*.

När vi också fick dirigenter, som Christian Järhoff, Olle Schön, Sigge Olsson, Olle Bengtsson, Anthony Dangler och Matthew Hinchcliff, började vi låta som en riktig orkester. Fast inte lika roliga som förr, ansåg en del av våra fans i Amnesty.

Till de regelbundet återkommande spelningarna hörde utöver Byring & Bråtes sommarloppis även Fyrverkerifestivalen i augusti och sjukhusets julmiddag för nyblivna pensionärer i december.

Efter att ha existerat i 42 år upplöstes orkestern 2015 på grund av för få blåsare i vissa stämmor. De flesta av Åderlåtarnes medlemmar har fortsatt att spela i Stadsmusikanterna.

En tidig spelning hos Byring & Bråte

Framtiden ligger i våra händer

I boken *Framtiden i våra händer*, som kom ut 1972, skrev norrmannen Erik Damman att vi i de rika länderna mot bakgrund av våra kunskaper om jordens begränsade resurser måste ändra vår livsstil för att få en rättvis fördelning av resurserna. Han publicerade ett par år senare *Tio steg mot framtiden*. Böckerna gav i både Norge och Sverige upphov till rörelsen ***Framtiden i Våra Händer***.

I Halmstad bildade vi en lokalgrupp 1978. Vi bedrev studiecirkel med Dammans böcker som studiematerial och hade även en studiecirkel kring Lasse och Lisa Bergs *Mat och makt*.

Gruppen ordnade offentliga möten, deltog i Alternativfestivalerna och skrev insändare, bland annat på vårdagjämning och höstdagjämning, då natt och dag är lika överallt på jorden men allt annat är orättvist. I ett upprop uppmanade vi läsarna att på denna *Dela-lika-dag* som en symbolisk gest avstå halva dagsinkomsten till något behjärtansvärt. Närmare hundra personer undertecknade en förklaring att de ämnade göra så.

Laholmkonstnärerna Lars och Kerstin Trollberg tillverkade en utställning bestående av tio gubbar i naturlig storlek, dragande på köpkorgar. På ena sidan hade gubbarna text som kortfattat illustrerade de tio bra stegen i Dammans bok. På andra sidan hade vi försökt illustrera tio "dåliga steg" mot kaos och elände, som mänskligheten kommer att ta, om vi bara fortsätter utvecklingen som hittills. Utställningen visades på en del bibliotek, arbetsplatser och skolor.

Lokalgruppen upplöstes efter några år. Deltagarna fortsatte sina aktiviteter i andra organisationer. Riksorganisationen arbetar fortfarande 2017.

Kulturkafé i Huset på Kyrkogatan

Hösten 1978 hyrde några alternativgrupper tillsammans huset Kyrkogatan 10. Initiativtagare var HP-journalisten Kicki Stridh. ***Föreningen Huset*** bildades. Konstnären Annmari Olsson designade medlemskorten. Kicki blev ordförande såväl för Föreningen Huset, en paraplyorganisation för alla föreningarna på Kyrkogatan, som för ***Kulturföreningen Solen***. Övriga föreningar var Amnesty, Fredsgruppen, Miljögruppen, Folkkampanjen mot kärnkraft, Svensk-indianska och El Salvador-kommittén.

Hit förlades föreningsmöten och Solen blev en plattform för lokal och medskapande kultur. Studiecirklar bedrevs om allt från reklamens makt till bullbak för kaféet. Flera lokala artister debuterade här, bland dem Sigges Specialorkester. Den kulturaktivitet som drog den absolut minsta åhörarskaran var ett föredrag som jag höll en Valborgsmässoaftonskväll. Ämnet var: Rökningens skadeverkningar.

Efter ett par år orkade de aktiva i Solen inte längre med att driva verksamheten, som krävde stora ideella insatser. Endast vid enstaka kulturarrangemang kunde föreningen få kommunala bidrag. Ekonomiska problem gjorde att Huset fick lämnas efter ett par år.

Huset på Kyrkogatan 10
fotograferat 2017

Kärnvapenkrig hotar

Fredsrörelserna i vårt land efter Andra världskriget har varit mest aktiva under framför allt två perioder: dels i slutet av 1950-talet, då överbefälhavaren framförde krav på att vi skulle skaffa kärnvapen, dels i början av 1980-talet, då motståndet mot det kalla krigets kärnvapenupprustning blev en uppgift för flera olika fredsorganisationer.

När man i slutet av 1950-talet diskuterade att skaffa kärnvapen i Sverige var de politiska partierna splittrade. Motståndet var starkast hos socialdemokraterna och då framför hos deras kvinnoförbund. ***Aktionsgruppen mot svensk atombomb***, AMSA, bildades 1958. Ordförande var författaren Per Anders Fogelström. Andra aktiva var bland andra journalisten Barbro Alving och författaren Sara Lidman. Inom AMSA fanns både pacifister och anhängare av konventionellt försvar. Man bedrev framförallt under 1958 och 1959 en omfattande kampanj mot svenska kärnvapen, samlade namnunderskrifter och utgav tidningen *Mot svensk atombomb*.

När AMSA var aktivt studerade jag i Lund. På Miklagård, det frikyrkliga studenthemmet, där jag ofta åt, samlade jag in namn under uppropet mot atombomb. Någon, som förmodligen betraktade AMSA som landsförrädiskt, skrev dit namnet på en sovjetisk ledare.

I Halmstad ordnade ABF en debatt på Halmstad teater om ja eller nej till atombomb. Ja-sidan representerades av "Landshövdingskan" (det står så i HP) Karin Johansson, riksdagsman Bo Siegbahn och major Olof Strååh, medan nej-sidan bestod av socialdemokratiska kvinnoförbundets ordförande Inga Thorsson, professor Gunnar Beskow och redaktör Bertil Svahnström. Mötesledare var borgmästare Åke Svensson.

Socialdemokratiska kvinnoförbundets agitation bidrog starkt till att det dess bättre inte blev någon svensk atombomb.

Men stormakterna upprustade, i öst och i väst. Hotet om ett förödande kärnvapenkrig var reellt. NATO beslöt 1979 att utplacera Pershing- och kryssningsmissiler i flera europeiska länder. Detta ledde till protester från fredsrörelsen. I *Appellen för Kärnvapennedrustning i Europa* sades:
Vi kräver av de två supermakterna att de drar tillbaka alla kärnvapen från europeiskt territorium. Ett par år senare bildades *Kommittén för en kärnvapenfri zon i Norden*.

I Halmstad verkade flera fredsorganisationer: CISV (*Children's International Summer Village), Fredsgruppen i Halmstad, Kristna freds, Kvinnor för fred, Läkare mot kärnvapen och FN-föreningen.*

Bild från kampen mot svensk atombomb

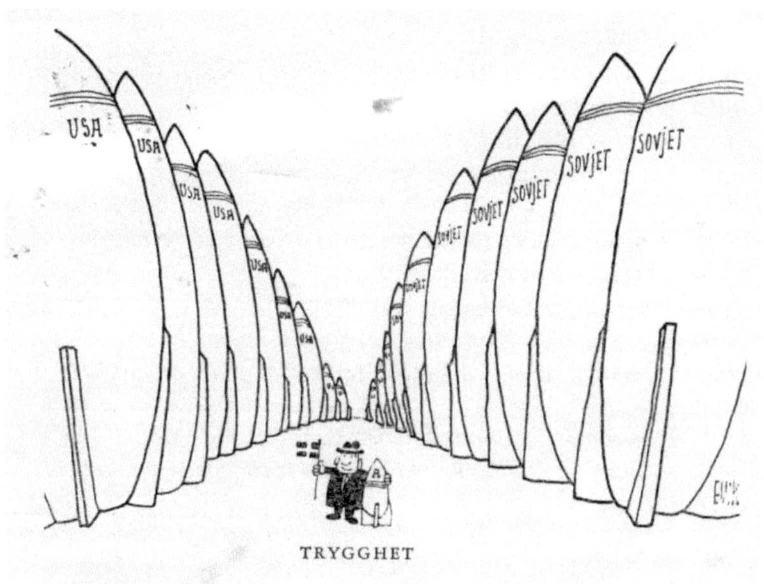

Fredliga kvinnor målar på natten

Kvinnor för fred är en partipolitiskt och religiöst obunden förening som arbetar för fred och demokrati,, mänskliga rättigheter, stopp för kärnvapen och kärnvapenprov, upprättande av kärnvapenfria zoner, kvinnors medverkan i konflikthantering, omställning från militär till civil verksamhet, stopp för vapenproduktion och vapenexport, för en framtida fredskultur och ökat inflytande i alla fredsprocesser för FN och *OSSE* (*Organisationen för Säkerhet och Samarbete i Europa*).

KFF började sin verksamhet i slutet av 1970-talet. Den tändande gnistan var ett kunskapsseminarium som föreningen *Kvinnokultur* ordnade på temat *Hur vinner vi freden?*

KFF arbetar i små självstyrande grupper utan hierarkier, ordnar seminarier och demonstrationer. I hela landet har man manifestationer på Internationella kvinnodagen 8 mars och Hiroshimadagen 6 augusti.

I Halmstad startade en KFF-grupp 1981. Från gruppens handskrivna loggbok hittar jag:

Den 1 september 1981 träffades vi Gunilla Stark och jag Elsa Blomqvist och pratade om hur vi skulle planera höstens aktiviteter för Kvinnor för fred. Vi beslöt skicka ut kallelse till de 11 som var med på VPK när Agneta Norberg var där och talade om deras arbete i Västerbotten.

Från denna träff står det:

Vi beslöt kalla oss för Kvinnor för fred. Doris hade med sig litteratur om arbetet för fred och vi diskuterade om att sätta igång en eller två studiegrupper och Sigge skulle höra med Studiefrämjandet om hur vi ska lägga upp det hela.

Vi sjöng "I natt jag drömde något som jag aldrig drömt förut". Kristina intervjuade Gunnel och Doris och lovade sända det i radio nästa dag.

Nästa gång 21 september klockan 9 ska vi träffas hos Kristina på Vapnövägen 22. Hon lovade utlysa det i radio och jag skall annonsera i Föreningsaktuellt. Elsa.

I november samma år ordnade gruppen offentligt möte i Folkets hus om de argentinska mödrarna på *Plaza de Mayo*. I ett brev, som sändes till ett trettiotal föreningar och grupper, inbjöd man till ett fackeltåg den 11 december. I protokoll finner man:

Polistillstånd för marschväg och bössinsamling är klart. Diskussion kring annonsering i HP, Agneta Rydén tar på sig att prata till oss en gratisannons. Om det inte går kan vi tänka oss att betala en liten en. Monica fixar Föreningsaktuellt.

Vid stormöte i februari 1983 beslutas bland annat att bilda ett antal arbetsgrupper: arbetsgrupp för information i skolor, 8 mars grupp, pressgrupp. kadergrupp, pantverksgrupp och Sigyngrupp. M/S Sigyn var ett fartyg som användes för att transportera använt kärnbränsle från de svenska kärnkraftverken.

I fortsättningen hade KFF under flera år många utåtriktade aktioner. På lördagarna stod man vid informationsbord på Stora torg, man ordnade fackeltåg vid Luciatiden varje år och aktiviteter på Internationella kvinnodagen. En natt målade kvinnorna ett fredsbudskap i en cykelkulvert i Söndrum och på ett fort i Tylösand. En annan natt målade de ett budskap på ett plank på Köpmansgatan, satte ett fredsmärke i tjurens ena horn på skulpturen *Europa och tjuren* på Stora torg. Man hade manifestation mot pornografi, organiserade resor till fredsläger och fredsfestivaler i Köpenhamn, Oslo och Stockholm. Två kvinnor deltog i den stora banbrytande men kontroversiella fredsmarschen till Minsk och Moskva 1982.

Gruppen har aldrig formellt upplösts men har från slutet av 1980-talet inte ordnat några egna aktiviteter, däremot medverkat i *Tillsammans för fred* i början av 2000-talet och vid flera tillfällen samarbetat med KFF i Laholm vid minnesstunder kring Hiroshimadagen.

Kvinnor för fred är en av de fredsorganisationer som engagerat just kvinnor. En annan är *Internationella Kvinnoförbundet för Fred och Frihet* (IKFF) som utgör den svenska sektionen av den internationella fredsorganisationen *Women's International League för Peace and Freedom* (WILPF). Förbundet arbetar bland annat för att öka kvinnors makt och deltagande i beslutsfattandet när det gäller fred, säkerhet och nedrustning. *Svenska Kvinnors Vänsterförbund* (SKV), som grundades 1914 under namnet *Frisinnade kvinnor* verkar för likställighet mellan könen, internationell solidaritet och fred. Varken IKFF eller SKV har så vitt jag vet haft någon lokalgrupp i Halmstad. Det har däremot *FN-förbundet* och *Svenska freds*.

Fackeltåg 1982

FRIH ordnar FRIHjul.

Svenska FN-förbundet bildades på 1950-talet när föreningen *Mellanfolkligt Samarbete* ändrade sitt namn till Svenska FN-förbundet. Det arbetar för att stödja samarbetet mellan folken i FN:s medlemsländer. Man verkar för ett bättre och starkare FN, för mänskliga rättigheter, för fred och säkerhet och för att minska fattigdom. Föreningen är inte en del av FN-systemet utan är en fristående medlemsorganisation med dels individer, dels ett stort antal riksorganisationer som medlemmar. Man har ett drygt hundratal lokala FN-föreningar.

Halmstads FN-förening bildades första gången i oktober 1954. Ordförande blev Nils Ekelund. Efter att ha verkat några år lades föreningen ned. I anslutning till FN-dagen 1964 återuppstod den med kyrkoherde Samuel Palmer som ordförande.

Bland föreningens aktiviteter kan nämnas den varje år återkommande Fredsgudstjänsten på FN-dagen den 24 oktober i S:t Nikolai-kyrkan, då flera körer och en speciellt inbjuden talare medverkat. Man har genom åren samarbetat med flera olika studieförbund kring diverse lokala arrangemang, som lockat unga och gamla. Under alla de år som *Tillsammans för fred* arrangerades, deltog FN-föreningen.

Likt många andra organisationer har FN-föreningen på senare år fått se medlemsantalet minska. Nu har man ett drygt femtiotal medlemmar

Fredsgruppen i Halmstad, FRIH, startade 1975 i anslutning till garrotteringen I general Francos Spanien. Garrottering är en grym avrättningsmetod, strypning genom halsjärn och en bult som långsamt skruvas in i nacken. I Spanien hade två anarkister 1974 dömts till döden genom garrottering. Protester kom från hela världen. I Halmstad ordnade Amnesty en demonstration. Där träffades några personer, bland andra Olle Widstam och Ulf Norenius, vilka startade FRIH, som kom att utgöra en lokalavdelning av Svenska Freds.

Svenska Freds, vars fullständiga namn är *Svenska Freds- och Skiljedomsföreningen,* är Sveriges största och troligen världens äldsta fredsförening, bildad 1883. Det är en förening för människor som är övertygade om att konflikter kan lösas utan våld och att krig kan förebyggas genom samarbete, ekonomiska medel och diplomati. Föreningen arbetar för hållbar fred genom att sprida kunskap, bilda opinion och påverka politiker. Svenska Freds bidrog till att stoppa ett krig mellan Norge och Sverige vid unionsupplösningen 1905.

FRIH hade en mycket flat struktur; man hade en kontaktperson och en kassör. Gruppen bedrev bland annat en kampanj med flygblad mot krigsleksaker, krävde stopp för vapenhandeln, ordnade ett eget julfirande, FRIHjulen, i en scoutstuga och tog emot den Internationella *Avrustningsstafetten*, som gick från Helsingfors till Belgrad 1977. Alf Hambe sjöng utanför rådhuset.

FRIH demonstrerade utanför Härlandafängelset i Göteborg mot tvångsmatningen av värnpliktsvägraren Christer Sandstedt 1975. Gruppen engagerade sig mot utbyggnaden av ett nytt skjutfält för I16, besökte I16 på Regementets Dag och delade ut flygblad bland besökarna för att motverka indoktrinering i militarism. Man gjorde på flygblad en travesti på Blå Tågets kända låt *Staten och kapitalet*.

FRIH deltog i träningsläger för ickevåld och spelade gatuteater mot atomkraft inför folkomröstningen 1980. Man samarbetade med andra grupper kring Kulturkaféet Solen i ”Huset” och kring Alternativfestivalerna i Norre Katts park varje sommar. Samarbetade även med andra lokalgrupper inom Svenska Freds- och skiljedomsföreningen, bland annat med gatuteater på Stortorget i Lund.

Barn, kristna, läkare och trampare för fred

Kristna Fredsrörelsen bildades år 1919 som *Svenska Världs-fredsmissionen*. Bakgrunden var erfarenheterna efter Första världskriget, som hade varit mer omfattande och förödande än något tidigare krig i Europa. Krigföringen byggde på massmobilisering och allmän värnplikt. Medan nationalkyrkorna stod sida vid sida med krigsmakterna såg rörelsens grundare det som oförenligt med kristen tro att bära vapen och delta i krig. Vapenvägran – en civil olydnadshandling som inte sällan straffades med fängelse – blev ett viktigt sätt att ta ställning. Och man protesterade mot den svenska vapenexporten.

Organisationen, som 1977 bytte namn till Kristna Fredsrörelsen, var i Halmstad framförallt representerad av Nils Gezelius, som också var aktiv i flera andra alternativa organisationer.

Children's International Summer Villages (CISV) sammanför barn, ungdomar och vuxna som tillhör olika kulturer, religioner och politiska system för att de ska uppleva gemenskap, lära sig samarbete och internationell förståelse.

I Halmstad har CISV arrangerat sommarläger med deltagare från många olika nationer. Under flera år organiserade man ett demonstrationståg för fred, som samlade många deltagare. Ibland flera tusen. Tåget gick från Norre Katts park till Stora Torg. Åderlåtarne var med och spelade. Vid marschen i september 1982 var parollerna:

För ett kärnvapenfritt Norden – För ett kärnvapenfritt Europa – För ett kärnvapenfritt jorden.

Till de organisationer som uppstod till följd av den snabba kärnvapenupprustningen och utplacering av kärnvapen i Centraleuropa hör *International Physicians for the Prevention of Nuclear War*, IPPNW, som bildades 1980. Året därpå tillkom den svenska dotterorganisationen, ***Svenska Läkare mot kärnvapen,*** SLMK. Även andra yrkesgrupper bildade liknande föreningar.

SLMK:s och IPPNW:s mål är att undanröja risken för kärnvapenkrig genom att avskaffa kärnvapnen. Man arbetar bland annat genom att informera med vetenskapligt grundade fakta om de medicinska effekterna av kärnvapen.

I Halmstad bildades lokalgrupper av såväl *Läkare mot kärnvapen* som *Sjuksköterskor och assistenter mot kärnvapen* och *Lärare för fred*. Ett 80-tal Halmstadsläkare var anslutna till LMK. Man försökte på olika sätt skapa opinion mot kärnvapen. Dels genom lokala möten, dels genom debattartiklar. Gruppen tog emot studiebesök av ryska läkare engagerade i kärnvapenfrågan och några medlemmar deltog i nationella och internationella konferenser. Påfallande många halländska läkare blev medlemmar i föreningen. En del läkare som varit tveksamma till engagemanget för kärnvapennedrustning blev mer övertygade när organisationen 1985 fick ta emot Nobels fredspris. Som en bekräftelse på att vi inte var en klick naiva entusiaster utan kontakt med verkligheten. Lokalgruppen i Halmstad firade priset med en liten fest.

Fredstramparna kallades en grupp fredsaktivister som cyklade med fredsbudskap till olika fredsfestivaler. Halmstad var ett av deras stopp.

Många träffar sin blivande make eller make på jobbet eller på krogen. Jag träffade min i fredsrörelsen, vid ett sammanträde sommaren 1984.

– En ordningsfråga. Ska vi ha rökfria sammanträden eller inte?

Det är de första ord Agneta Rydén, representant för KFF, hör av mig första gången vi ses. Hon blir några år senare min hustru.

Detta är vid ett möte som ska förbereda mottagandet i Halmstad av en stor grupp danska fredscyklister, *Fredstramparna*. Vi ska ordna torgmöte, övernattning och frukost åt cyklisterna. Fortfarande röks det nästan överallt men det börjar komma möjligheter att förklara en del sammankomster rökfria. Min ordningsfråga leder till att sammanträdet beslutar om rökfrihet.

En punkt på dagordningen: Hur ska vi fixa frukosten åt danskarna?

– Arla får stå för mjölk och yoghurt och juice, säger Agneta

– Gör dom det? undrar jag.

– Självklart, det måste dom, det gäller ju freden, det får dom göra, förklarar Agneta, som om det vore alldeles självklart.

Det visar sig att vi får de begärda varorna av Arla. Jag förstår senare att Agneta har känningar hos Arla i samband med sitt arbete på Arbetsmarknadsinstitutet.

Tillsammans med Agneta och andra medlemmar i KFF serverar vi frukost för de 130 danska cyklisterna i en skolmatsal i Andersberg. Vi förfäras över danskarnas rökande och förklarar för dem att svenska skolmatsalar ska vara fria från rök.

Den största och sista riktigt stora fredsmanifestationen blev ***Nordiska fredsmötet*** på Ullevi i Göteborg den 15 maj 1982, som samlade omkring 100 000 deltagare och agerade för en kärnvapenfri zon i Norden och ett kärnvapenfritt Europa. Från olika håll i staden marscherade man till Ullevi där det bjöds på dans, sång och musik varvat med tal av bland andra Daniel Ellsberg, avhoppad amerikansk militär, politikern Maj-Britt Theorin och skådespelerskan Liv Ullman.

Vid en annan nationell fredsmanifestation, I Stockholm 1984, bildade vi en mänsklig kedja mellan den amerikanska och den sovjetiska ambassaden.

USA och Sovjetunionen kom 1987 överens i det så kallade INF-avtalet att avskaffa medeldistansrobotar.

Fredsrörelsen var under många år föremål för SÄPO:s intresse. Ett exempel på att fredsbudskap ibland har ansetts väldigt farliga är, att sången *Jag står här på ett torg,* som sjöngs av Ulla Sjöblom och på franska heter *Le Déserteur*, var totalförbjuden i Frankrike under många år. Sången framfördes i Frankrike första gången 1954 när slaget vid Dien Bien Phu pågick under franska Indokinakriget. Så sent som 1999 blev en kvinnlig lärare i Frankrike avskedad och avstängd på livstid efter att ha låtit spela sången under en historielektion.

Åderlåtarne spelar vid en fredsmarsch

Ett flertal musikkårer ingick i lördagens fredsmarsch i Halmstad och budskapet i banderoller och plakat v enhetligt för fred och emot upprustning.

Media som krigshetsare

Den norske fredsforskaren Johan Galtung gjorde i sin bok *Det finns alternativ* en analys av grunden till motsättningarna mellan öst och väst. De två skilda ideologierna, kapitalism och socialism, är båda utpräglat intoleranta; de gör båda anspråk på att ha funnit den universella sanningen och liknar i detta avseende världens mest intoleranta religioner. Anhängare av dessa ideologier ser det inte bara som sin rättighet utan som sin plikt att i världen införa sitt system. Länder som betraktar sig själva som bärare av en ideologi som föreskriver hur samhället skall se ut och känner det som sin plikt att sprida sin tro över hela världen utgör en fara för freden.

Många menar att våra media genom en ensidig, ideologiskt motiverad, indoktrinering bidrar till krigsriskerna. Exempel på de misstänkliggörande av Sovjetunionen som då och då dök upp är historien om de ryska långtradarna och om de polska tavelförsäljarna. Svenska Dagbladet började med ett sensationellt "avslöjande": ryska långtradarchaufförer och polska tavelförsäljare var förklädda stridsvagnsförare. Kampanjen fortsatte vecka efter vecka och spred sig till allt fler tidningar utan att störas av det faktum att både polisen och Säpochefen meddelade att inget misstänkt hittats vid en mängd kontroller

Så gott som alla svenska media bidrog till att större delen av Sveriges befolkning på allvar trodde att den jättestora gamla sovjetiska U-båten U-137, som 1981 med kärnvapen ombord och 75 mans besättning med dånande motorer i övervattensläge kört in i Karlskrona skärgård i en vik som var så grund, så båten inte kunde gå i undervattensläge, och kört rakt upp på en klippa och fastnat, att den smugit hit för att i hemlighet spionera på oss.

Ensidighet i massmedierna var inte något nytt. I ***Media som krigshetsare,*** som utkom 1986, ger författaren Folke Hagman rikliga exempel från de senaste 100 åren på hur ensidig och tendentiös journalistik kan uppamma fiendskap mellan folken. I *Konsten att sälja krig* visar Pierre Gilly hur makthavare ofta motiverat sina krig med att de handlar om insatser för fred.

I Halmstad bedrev vi en studiecirkel kring Hagmans bok. Som ett led i cirkelarbetet granskade vi under en månads tid dagligen två dagstidningar, Svenska Dagbladet och Expressen. Vi antecknade antalet artiklar, notiser och dylikt som på grund av ämnesval, vinkling eller innehåll kunde betraktas som ensidiga mot öst. Vi i fann 34 sådana i SvD och 52 Expressen, alltså i genomsnitt mer än en varje dag i vardera tidningen.

Jag måste medge att undersökningen var föga vetenskaplig.

En film som ifrågasätter spionageteorierna

Ett alternativt parti

Det har funnits partipolitiska inslag i Alternativrörelsens aktiviteter. Centern och Kristdemokraterna var liksom Vänsterpartiet Kommunisterna och SAFE (*Socialdemokrater för en alternativ energipolitik*) aktiva i Folkkampanjen mot kärnkraft. Vid en del olika arrangemang samarbetade Socialdemokraternas internationella utskott och SSU med Afrikagrupperna, ISAK, Kommittén för mänskliga rättigheter i El Salvador, El Salvador kommittén, Svensk Indianska föreningen och Salvador Allende-kommittén.

I september 1981 bildas ett politiskt parti, ***Miljöpartiet***, mera direkt inriktat på de frågor som alternativrörelsen arbetat med. Per Gahrton, som tidigare varit ordförande för Folkpartiets ungdomsförbund och riksdagsledamot för samma parti, är initiativtagare till det nya partiet. Han hade gått till anfall mot de nuvarande partiformerna i sin bok *Det behövs ett framtidsparti*. Miljöpartiet, MP, ska inte bli som alla andra partier. Auktoriteter ska bannlysas. *Partiledare* är ett fult ord.

Partibildningen är en naturlig fortsättning på de rörelser som pågått en tid: aktiviteter för fred, solidaritet, jämställdhet och miljöhänsyn. För många av dem som var aktiva inför Folkomröstningen om kärnkraft 1980 känns det riktigt att gå med.

I november 1981 bildar vi i Halmstad en lokalavdelning av MP. Vi låter helt enkelt det lokala partiet ***Alternativ ett*** övergå till att bli MP. Alternativ ett har haft kamp mot Ringleden som enda punkt på sitt program.

Att bilda ett nytt parti kräver mycket arbete. Utöver det rent föreningsmässiga med stadgar, styrelse och så vidare ska man fixa ekonomin, komma överens om ett partiprogram och bedriva opinionsbildning. Nästa år är det val och då ska vi ställa upp.

Det kommer flera nya medlemmar. För att sammankalla till olika aktiviteter använder vi telefonkedjor. Det finns ju vid denna tid vare sig Internet, e-post eller Facebook.

Våren 1982 jobbar vi mycket med kommunprogram och landstingsprogram. Vi har etablerat samarbete med miljöpartierna som bildats i Falkenberg och Varberg. Först försöker vi göra ett större landstingsprogram men det visar sig att vi bara hinner anta en sammanfattning. Jag renskriver programmen på lånad skrivmaskin med fint typsnitt. Tyvärr är vi så okunniga så vi skriver att vi vill ha dubbelspår på Västra stambanan. Senare upptäcker vi att vår järnväg heter Västkustbanan och får ändra för hand i programbladet.

Miljöpartiet har ett mycket bra partiprogram. Om alla människor får kunskap om oss kommer de säkert rösta på oss. Så tänker jag. Men det är svårt att nå ut med information. Det är nästan bara via insändare i tidningarna som vi kan sprida kunskap om att MP finns och vad MP står för.

Hur ska vi nå ut till väljarna med valsedlar? Staten betalar inte för tryckning eller distribution av valsedlar för nya partier, bara för de gamla partierna. Om vi kunde skicka ut valsedlar och valfoldrar till alla hushåll, då skulle vi garanterat komma in i såväl riksdag som landsting och kommuner. Ett sådant nationellt hushållsutskick skulle kosta 4 miljoner kronor har man räknat ut. Var ska man få pengar till något sådant? Jo, om man kan få tillräckligt många medlemmar och sympatisörer att låna ut pengar till partiet med löfte att lånet kommer att återbetalas från det partistöd som kommer att utbetalas, när MP kommit in i riksdagen, då kan vi få ihop till ett hushållsutskick. Om vi kommer in i riksdagen alltså. Vi är många som nappar på idén. Dessutom försöker vi få in pengar till partiet genom ett konstlotteri. Flera Halmstadskonstnärer skänker verk.

Någon partilokal har vi förstås inte. Våra arbetsmöten, inte minst allt plock med valsedlar, sker hemma hos mig, eller hos Carin Thorstensson, som blir vårt förstanamn på listan till kommunfullmäktige.

Några medlemmar håller föredrag i skolor och vi håller några torgmöten. Några lördagar under slutet av valkampanjen ordnar vi en sorts valbyrå bestående av min skrivbordshurts placerad på en hyrd cykelkärra. På Stora torg har vi en demonstration med insamling av bilavgaser i säckar, för att peka på några av bilismens problem.

Vi har en bra valaffisch med rubriken *Vi lovar inte guld men gröna skogar* och med mindre stil text om våra viktigaste politiska ställningstaganden. Stöd för valaffischer snickrar vi ihop hemma hos Stefan Hallander och Marie Ekholm på Bergsgatan. De andra partierna sätter affischer utanför teatern vända mot Fredsgatan. Vi sätter vår lite avsides, närmare och vänd mot bussterminalen Österskans, eftersom vi räknar med att kollektivresenärer hör till dem som vill rösta på oss. Även utanför järnvägsstationen har vi en affisch.

Vi får ihop en lista med tolv namn för kommunvalet i Halmstad.

Vid ett av våra torgmöten kommer en flicka från Laholm och undrar om hon kan göra en insats. Hon heter Anna-Lena Hultgren.

– Vill du bli kontaktperson för Miljöpartiet i Laholm och kanske stå på en lista? frågar jag.

– Ja visst det kan jag ju.

Hon lyckas hitta ytterligare två personer från Laholm som kan tänka sig stå på listan. I sjukhusmatsalen frågar jag en dag kollegan Björn Rosendahl, som bor i Laholms kommun, om han kan vara med på listan. Det kan han. MP i Laholm ställer upp med en lista omfattande dessa fyra namn. Anna-Lena kommer in i fullmäktige i Laholm på drygt hundra röster.

När det gäller att få namn till partiets riksdagslista frågar vi bland andra vår medlem, poeten Elsa Grave.

– Jag ställer upp på listan bara jag slipper bli utbildningsminister, säger hon.

Hon påstår också:

– Jag är fortfarande alldeles för okunnig om det här. Jag

kan inte formulera uttalande. En författare är en person som har svårt för att skriva.

Valet närmar sig. En del opinionsundersökningar tyder på att vi gott och väl ska klara fyraprocentsspärren i riksdagsvalet. Under veckan före valet bedriver emellertid tidningen Expressen en intensiv propaganda mot MP. Varje dag slår tidningen stort upp på första sidan en skandal om MP-medlemmar. MP förlorar sin trovärdighet och valresultatet blir en kalldusch för oss. Vi får bara 1.7 % i riksdagsvalet och kommer alltså inte in i riksdagen. Inte heller kommer vi in i något landsting. Däremot får vi platser i kommunfullmäktige på många orter. Här i Halmstad får vi två mandat.

De flesta som lånat ut pengar till partiet får inget tillbaka. I en del kommuner, bland annat i Halmstad, betalar man från det lokala partistödet tillbaka en del av medlemslånen.

Med våra två mandat i kommunfullmäktige blir vi vågmästare mellan höger- och vänsterblocken i Halmstad. Det är Carin Thorstensson och Bruno Toftgård som är våra fullmäktigeledamöter.

Eftersom vi blivit vågmästare blir det aktuellt att förhandla med de två politiska blocken. Av socialdemokraterna erbjuds vi ett ganska generöst samverkansavtal där vi får ett antal platser i nämnder och styrelser mot att vi röstar med dem om platser och ordföranden i nämnder och styrelser, men där vi i övrigt står helt fria att driva vår egen politik. Det borgerliga blocket under ledning av en stöddig moderat, Ulf Staél von Holstein, fordrar att vi ska samverka med dem i all politik, om vi ska får några nämndplatser. Vi accepterar socialdemokraternas erbjudande och får i fortsättningen i HP upprepade gånger förklara att vi inte ingår i ett socialistiskt block.

Nya partier drar till sig människor av de mest skilda slag. Före partibildningen kände de flesta av oss inte till något om Carin Thorstensson. Det visar sig att vi helt missbedömt henne; hon är en omdömeslös mytoman.

När jag öppnar HP den 17 november får jag en chock. Carin lämnar MP på grund av en kontrovers med några av medlemmarna i Kvinnojouren! Hon har gift sig med en av de misshandlande män, vars kvinnor hon tagit hand om i Kvinnojouren.

– Jag kommer att sitta kvar i fullmäktige och gå min egen väg. Hur jag tänker rösta i personvalen har jag inte bestämt ännu, säger hon.

I fortsättningen vet ingen i förväg hur resultatet i fullmäktige kommer att bli vid omröstningar i blockskiljande frågor. Carin är vågmästare.

Nu kämpar Bruno som ensam miljöpartist i fullmäktige. Han lämnar in motioner, om inrättande av skolträdgårdar, att det ska planteras buskar för att skilja cykelbanan från bilvägen i Skedala, att den nedlagda järnvägen ska användas för spårvägstrafik, giftfri potatis i skolbespisningarna, återvinning av glas och metall ur hushållssopor, rökfrihet i offentlig miljö, halvtidsarbete år nyanlända flyktingar och att Halmstad ska bojkotta sydafrikanska varor och att Halmstad ska bli en kärnvapenfri zon. Totalt medverkade MP ensamt eller tillsammans med andra partiföreträdare i 36 motioner under perioden 1983–85. Huvuddelen avslås, men det blir bifall helt eller delvis till motioner om nya anslagstavlor för ideella organisationer, manuell ogräsbekämpning som sommarjobb för ungdomar, kommunalt bidrag till Montessoriförskola, åtgärder för effektivare pappersåtervinning, orienteringstavlor på Galgberget, inrättande av kommunekologtjänst, hemsändningsservice i kommunal regi, markerad cykelbana på gågator, inrättande av biologiskt-geologiskt museum (blev inte av förrän 25 år senare), miljövänligare bussar och åtgärder för att undvika nedläggning av skolor.

En motion skriven som rimmad vers på melodi *Möte i Monsunen* handlar om att skapa en strandled, vilken så småningom kommer till stånd i form av Prins Bertils stig. Dock knappast enbart vår förtjänst.

Politik är att orka hålla sig vaken

– Ordningsfråga, ropar en skäggig äldre man.

– Ordet är begärt för en ordningsfråga och jag avbryter debatten om motion 123 för detta, säger skåningen Gunnar Håkansson som sitter ordförande.

– Vi måste komma vidare med motionen, ropas det från flera håll.

– Jag är medveten om att klockan är sju minuter över midnatt och att vi har många motioner kvar att behandla men jag anser att en ordningsfråga bryter talarlistan, säger Gunnar.

– Nej det måste vi rösta om i så fall, ropar någon.

– OK, vi kan göra en omröstning om ordningsfrågan ska behandlas, säger Gunnar lugnt.

– Nej ordningsfrågor ska väl alltid gå före, ropar skägget som begärde ordningsfråga.

Det är en av Miljöpartiets första ordinarie kongresser

Hela dagen har vi arbetat i utskotten. Hela kvällen har vi nu suttit i skolans aula och debatterat i plenum. Alla är vi trötta, men alla är vi så engagerade så vi håller oss vakna. Alla vill vi framföra våra synpunkter. Jag räknar snabbt ut att om 100 personer vill prata 3 minuter var om varje fråga så går det åt 300 minuter, det vill säga 5 timmar för inläggen i en fråga. Och vi har massor av motioner att behandla. I ett demokratiskt parti ska ingen hindras från att öppna sin mun, så debatten får ta den tid den tar. Partiet har inga skrivna rutiner för hur kongressarbetet ska gå till. I ett nytt parti är allt möjligt. Det finns inga röstkort. Folk viftar med armarna eller skriker ja och nej när det ska voteras.

Rätt som det är hoppar Roland von Malmborg upp på podiet med sin gitarr och säger:

– Nu sjunger vi I natt jag drömde.

Och så gör vi det.

Sedan fortsätter den lugne ordföranden att försöka bringa ordning i oordningen.

– Nu bestämmer jag att vi röstar om ordningsfrågan ska få tas upp, säger Gunnar.

– Ordningsfråga, ropar en tjej.

– Gäller det frågan om ordningsfrågan ska handläggas medelst omröstning? frågar Gunnar.

– Ja

– Då anser jag att du bör få ordet för denna ordningsfråga.

– Jag har sakupplysning, ropar en dalmas

– Jaha, säger Gunnar. Gäller det frågan om ordningsfråga nummer två?

– Det kan jag inte hålla ordning på, säger dalmasen.

– Jag har också en ordningsfråga, ropar en höggravid tjej i blåa snickarbyxor.

– Jag också, ropar en rödhårig grabb som har ett spädbarn i famnen.

– Nu tror jag vi får gå in för att den som har något att säja får skriva en lapp och komma fram med, säger Gunnar.

Plötsligt står ett tjugotal kamrater framme vid scenen och lämnar lappar.

Klockan är nu halv ett. Det är mycket kvar att göra. Jag vill yttra mig i frågan om Alternativmedicin som ska komma upp så småningom. Och i alkoholfrågan.

Gunnar klarar efter ett tag upp ordningsfrågorna. När alla yttrat sig i dessa är klockan ett. När allt är klart för att gå vidare hörs en röst:

– Ordningsfråga.

– Ja vad gäller det nu då? undrar Gunnar.

– Jag föreslår att talartiden begränsas till en minut.

– Kan vi ta upp denna ordningsfråga?

– Ja, ropar nästan alla

– Önskar kongressen inskränka talartiden till en minut?

– Ja, ropar de flesta.

– Talartiden är nu en minut, förklarar Gunnar. Vi går nu vidare med motion nr 123.

– Jag yrkar att motionen ska förklaras vara ett skämt och att vi går vidare till motion nr 124, säger en talare som klampat upp i gröna träskor.

– Nej så kan man inte göra, säger Gunnar.

– Jo, ropar många

– Ska vi ta upp detta yrkande till omröstning?

– Nej, ropar många.

– Ja, ropar ännu flera.

– Då finner jag att yrkandet ska tas upp.

– Nej, det måste vi rösta om, skriker flera.

– Jag anser att majoriteten här anser att yrkandet ska tas upp.

– Votering, ropar en långhårig grabb från Göteborg.

– Votering är begärd och ska verkställas. Får jag be rösträknarna komma fram, säger Gunnar, lika lugnt som om han satt hemma vid frukostbordet och åt gröt.

Klockan är nu halv två. Några har lämnat salen och gått och lagt sig att sova i sina sovsäckar på golvet i gymnastiksalen. Men de flesta sitter kvar.

Jag är trött och engagerad. Tror på det nya partiet. Solidaritet med människor och natur. Vi behövs i riksdagen. Vi måste besluta om ett bra partiprogram. Eller idéprogram ska det visst heta. Vi måste kämpa för att komma in i riksdagen. Men många tycks anse att det är viktigare att vi är alternativa än att vi kommer in i riksdagen. Vi ska inte ha någon partiledare eller liknande. Hur ska väljarna i höstens val få veta att vi finns och vad vi tycker? Det finns ju inte ens en person som de kan se som företrädare för MP. Vad jobbigt det är. Och vad ögonlocken är tunga. Och ögonen röda. Jag har i tjugo års tid röstat rött. Är nu medlem i ett grönt parti. Är det rätt? Tankarna flyger. Grönt och rött. Jag vaknar till med ett ryck. Debatten har gått vidare i aulan.

När klockan är två har vi beslutat att debatten om motion nummer 123 ska fortsätta.

När klockan är halv tre går Roland upp på podiet och säger:

– Nu sjunger vi Varför skola mänskor strida

När vi sjungit färdigt begär någon streck i debatten.

– Det har begärts streck i debatten, säger Gunnar. Vi justerar nu talarlistan. De som vill anmäla sig gör det nu.

– Jag protesterar mot att debatten ska snöpas, hörs en röst.

– Ordningsfråga, hörs en annan.

– Vad gäller ordningsfrågan? undrar Gunnar.

– Det är om det ska sättas streck.

– Då frågar jag mötet: ska ordningsfrågan angående streck i debatten få ställas?

Nejrösterna överväger så det sätts streck utan ytterligare debatt. Ett tiotal deltagare går fram till podiet och anmäler sig på talarlistan. Jag avstår. Hundra gånger en minut blir nära två timmar.

Det pratas på.

Det kommer att bli morgon innan vi kommer till de sociala frågorna, tänker jag. Och sedan börjar dagens utskottsarbete. Det blir ingen sömn. Vad jobbigt det är med politik. Och om vi inte kommer in i riksdagen? Då innebär partibildandet helt enkelt en nettoförlust för våra frågor, för fred, internationell solidaritet, miljöhänsyn och annat viktigt. För då kommer hundratals aktiva kamrater, som annars hade arbetat i utomparlamentariska aktionsgrupper istället sitta och traggla med stadgar och program och sammanträden. Det är för jobbigt det här. Och det är bråttom att vi kommer in i riksdagen och kan påverka. Vi måste få bort varureklamens hjärntvätt. Konsumismen har blivit den ledande religionen. De enorma orättvisorna i världen måste vi göra något åt. Och vad sömnig jag är och vad jobbigt det är. Och så många viktiga frågor vi måste ta ställning till och vad vi måste jobba hårt för att sprida vårt budskap inför höstens val. Oj, där tror jag att jag sov ett par sekunder och drömde att det var i riksdagen som en miljöpartist stod och talade om motion nr 123.

Jag vaknar av att Gunnar slår klubban i bordet och förklarar:

– Jag finner att kongressen avslagit motion nr 123 som lyder: "Jag yrkar att som energibesparingsåtgärd ska alla varmvattenkranar och kallvattenkranar byta plats för då kommer människor som tror att de sätter på varmvatten istället sätta på kallvatten".

– Klockan är nu kvart i fyra och vi går nu vidare med motion nummer 124, säger Gunnar. Kongressutskottet föreslår...

Ungefär så minns jag kongresserna i MP:s barndom. Partiet är alternativt och extremdemokratiskt. Det är självklart att man inte ska ha någon partiledare eller partiordförande eller ens språkrör. Istället företräds partiet utåt av ett politiskt utskott. Detta består av nio ledamöter. I utskottet väljs en sammankallande. Det är denna som journalister ska vända sig till. Som alltså närmast motsvarar partiledare. Den som valts till sammankallande ska inneha uppdraget I någon dryg månad. Uppdraget ska rotera eftersom makt korrumperar.

Inte ens medlemmarna kommer att kunna hålla reda på vem som är partiets talesman eller taleskvinna.

Det kommer att dröja några år innan vi får språkrör.

De första årens kongresser handlar till stor del om att utforma våra handlingsprogram. Vid lyckas från Halmstad få in ett radikalt förslag om köpfrid i programmet. Begreppet Köpfrid lanserades 1975 av Gunnar Adler Karlsson i boken *Lärobok för 80-talet.* Det innebär att ingen mot sin vilja skall utsättas för påträngande reklam. Utvecklingen har tyvärr sedan dess gått mot allt mindre köpfrid.

Det uppstod en hel del sång under 80-talets miljöpartikongresser Här sjunger Roland von Malmborg och Gunnar Håkansson vid kongressen i Karlskoga 1987. Bild från ”Maskrosbarn – Miljöpartiets tjugo första år”. Foto Göran N K Torin

Med landstingskavaj men utan inflytande

Vid valet 1988 går MP framåt. Vi kommer med 5,9 % röster in med 20 mandat i riksdagen och får plats i samtliga landsting, alltså även i Halland, där vi nu får tre ledamöter. Jag är en av dem. Jag hade med tvekan accepterat att stå med som första namn på landstinglistan. Hade redan alldeles för många arbetsuppgifter och tyckte dessutom inte att man i landstinget kan göra så värst mycket för MP:s hjärtefrågor. Men nu är det som det är; jag är landstingsledamot.

Hur går landstingsarbetet till? Jag förbereder mig genom att läsa fjolårets landstingshandlingar. Och ringer till den ende landstingsledamot jag känner till, folkpartisten Lennart Kollmats, för att höra efter hur man ska vara klädd. Jag är ju inte van vid slips och kavaj.

– Gränsen går nog vid träskor i talarstolen, säger han.

Jag inköper en grårandig kavaj, som Agneta och jag i fortsättningen kallar landstingskavajen, och en rostbrun polotröja för landstingsarbetet.

Är lite spänd och nervös inför landstingsdebuten – ungefär som inför examen eller skolstart. Före första landstingsmötet ägnar jag en hel söndag åt att skriva ett långt tal om MP:s politik, att framföras i den allmänpolitiska debatten. För säkerhets skull ringer jag åter Lennart Kollmats för att höra hur långa talen brukar vara.

– De ska nog vara högst 10–12 minuter.

Finner att jag måste stryka minst hälften av det jag skrivit. Koncentrerar mig på argumentering för kollektivtrafik. Förstorar texten för att inte få problem med att läsa den; jag har på grund av hornhinnesjukdom nedsatt syn.

Jag avslutar talet:

– Eftersom det är ett helt kvinnligt presidium här kanske jag får vara lite barnslig och sammanfatta vårt program som ett ABC-rim.

AVFALLSBERGET är ett hot - för vårt stackars lilla klot
BILAVGASER spys det ut - mer och mer för var minut
CESIUM, rätt många menar - är ej bra, ej ens för renar
DIOXIN det är ett gift - som nu finns i alla stift
ENERGI som vi vill ha - evigt flödande ska va'
FREONUTSLÄPP i våran luft - strider mot allt bondförnuft
GENERALERNA behöver - alltför ofta barnens klöver
HÄRDSMÄLTA i Barsebäck - är en risk som bör tas väck
INBILLNING som är ett hot - evig tillväxt på vårt klot.
JÄRNVÄGAR bör byggas ut - nedläggningarna ta slut
KÄRNKRAFTEN bör vecklas av - innan den blir mångas grav
LUFTVÄRNSROBOT exporterar - den som lagar nonchalerar
MILITÄRERS BUDGET är - för vår jord en hemsk affär
NORDEN borde snarast bli - ifrån kärnvapen helt fri
OBEROENDET förloras -om av EG vi amouras
PAPPER som är blekt med klor - utgör onödig dekor
QUINNORS sexstrejk i antiken - stoppa' krigarpolitiken
RIKA VÄRLDENS överflöd - innebär för andra nöd
SÄLDÖD, skogsdöd, giftig alg - baksidan av vår medalj
TRYGGHET är ett löjligt ord -på en upprustande jord
UTPLUNDRING av vår planet - är en kriminalitet
VATTNET är ej bra ett skvatt -inte ens i Kattegatt
XERXES gillade att slåss - är ej ideal för oss
YTLIG är vår valdebatt - handlar om "affär" och skatt
ZONER som är bra att ha - utan kärnvapen ska va'
ÅTERBRUK, ej köp-och-släng - är en döviktig mojäng
ÄNDLIGA resurser plundras - kloka människor förundras
ÖVERGÖDES mark och hav - gräver vi nog egen grav

Det är lite ovant för de andra partierna att det kommit in ett helt nytt och lite grönextremistiskt parti i landstinget. Man är van vid två politiska block och vi står utanför blocken. Kommer miljöpartisterna att ställa till oreda?

I mitt tal säger jag bland annat att jag lovar att vi inte ska ställa till kaos, åtminstone inte med vilje. Redan vid mötet följande dag är det just kaos vi orsakar. Min partikamrat Bo Helin och jag har missuppfattat hur dags man ska börja; har trott det är klockan 10 liksom första dagen. Men det har börjat klockan 9. När vi anländer en timme för sent, och viktiga punkter redan är avverkade, blir ordföranden tvungen att ajournera mötet för att konsultera lagen och se om vi kan få delta. Det visar sig att vi får.

Vi får inget inflytande i landstinget; borgarblocket har egen majoritet. Vi får inte ens några nämndplatser och får nöja oss med att lämna in motioner. De handlar om att avskaffa kvicksilvertermometrar, bojkotta Nestle, om kasserad utrustning till u-land, kollektivtrafik som kan minska miljöproblem, köpfrid, landstingets beskattningsrätt, länskort på bussarna till allmänheten, medicinska råd, miljöansvariga, miljövänliga resor till möten, miljövänliga transportsätt, månadskort för landstingsanställda, psykologer i kroppssjukvården, ransonera spriten i tre år, rätten till tystnad i sjukvården, rökfri luft vid landstingsmöten, tåg i stället för bil, återanvändning. av papper och kuvert.

Ingen av våra motioner går igenom.

Men när man debatterar vår motion om rätten till tystnad, det vill säga frihet från skvalmusik i sjukvårdens väntrum, ropar en moderat, som är kantor, nere i salen:

– Jag håller med Eriksson.

Det är det mest positiva gensvar vi får under mina tre år i landstinget.

Endast vid ett tillfälle har våra röster någon betydelse – men då anser HP:s ledarskribent å andra sidan att det är min enda röst som avgör frågan. Det gäller stöd i form av ett amorteringsfritt lån på 21 miljoner till den blivande musikteatern i Göteborg. Vid debatten förklarar jag hur jag kommit fram till beslutet att stödja förslaget. Jag säger först att om MP skulle satsa 21 miljoner på något som vi tycker är viktigt så skulle det vara på något som kan avvärja de värsta miljöhoten, till exempel satsa på bättre kollektivtrafik. Men nu handlar det alltså om pengar till kultur. Jag fortsätter:

Som miljöpartist ser jag gärna en ökad satsning på kulturen. Kultur bör få tillväxa. På vår jord med krympande resurser finns det inte utrymme för någon oändlig MATERIELL tillväxt – trots att många talar och handlar som om sådan vore möjlig. Den enda tillväxt som kan vara oändlig är sådan som inte tär på ändliga naturresurser. Sådan tillväxt kan ske inom kulturområdet – där kan vi ha en nästan oändlig tillväxt medan den tillväxt som till exempel sker ifråga om tillverkning av bilar och allsköns prylar redan har gått för långt.

Men om då någon säger till mig "Nu får du alltså satsa 21 miljoner på KULTUREN" - inte heller då skulle jag komma på tanken att satsa det på musikteater i Göteborg. Då skulle jag istället satsa på åtgärder som mera direkt kunde motarbeta den utbredda kommersiella förljugna, glitterfyllda och våldsförhärligande okultur som vi möter överallt, i pressbyråns och varuhusen tidningskiosker, på biograferna, i videoutbudet, i reklamen, den okultur som indoktrinerar och hjärntvättar oss alla, barn, ungdomar och vuxna, och hotar göra oss oförmögna att ta itu med mänsklighetens viktiga frågor.

Om jag fritt finge satsa pengar på kultur skulle jag ge stöd till bra kultur som når ut till breda lager av befolkningen. Jag skulle inte satsa 21 miljoner på en musikteater. I enlighet med MP:s landstingsprogram skulle jag också stödja olika ideellt arbetande grupper, fria teatergrupper, musik- och hantverksgrupper, invandrarkultur. Men nu är det ju inte så att jag idag har möjlighet att satsa 21 miljoner på det jag tycker är viktigast. Det jag får ta ställning till idag är inte olika alternativa användningar av 21 miljoner kronor. Det jag skall göra är att rösta ja eller nej till ett finansieringsstöd till den planerade musikteatern i Göteborg. Av allt att döma blir musikteatern inte byggd om vi inte ger detta bidrag. Teoretiskt kan man tänka sig att företag skulle sponsra projektet Det vore mycket olyckligt. Storföretagen bör inte få ännu mera inflytande över kulturen än de redan har. Frågan gäller alltså till slut om jag tycker att det ska finnas en musikteater i Göteborg eller inte. De argument för behovet av musikteatern som bland annat framförts av Utbildnings- och kulturförvaltningen och av Hallands länsteaterförening har övertygat mig om att det bör finnas en musikteater på Västkusten. Konsekvensen är att jag bör rösta ja för finansieringsstöd.

Stödet till musikteatern antas av landstinget med en enda rösts övervikt, 29 ja, 28 nej.

HP:s ledare anser att jag fallit för statsmakternas skrämselpropaganda och skriver att *maken till helgardering som dr Eriksson redovisade i sitt första debattinlägg får nog åhörarna leta länge efter..*

Glad förväntans upplösning i svart besvikelse

Nu är det 1982. Krig och terror fortsätter i El Salvador och Guatemala. Israel invaderar Libanon och palestinier massakreras i flyktinglägren Sabra och Shatila. Sinai återgår till Egypten. I Halmstad flyttar lokaltrafikens bussterminal från Gunillaparken till Österskans. Och den ***Nordiska Alternativkampanjen 1982*** ska komma till Halmstad.

Hurra, nu ska vi äntligen komma samman, alla alternativgrupper och solidaritetsgrupper, och genomföra något slagkraftigt, nå ut med de viktiga budskapen. Jag räknar med att den samlade alternativrörelsen i Halmstad rimligen kan räkna åtminstone några hundra aktiva medlemmar – även om man tar hänsyn till alla dem som är dubbelanslutna, eller rättare sagt flerdubbelanslutna till många grupper.

Olle Widstam i Fredsgruppen kallar samman till ett första sammanträde då vi ska planera det hela: ordna extra tält utöver det som kommer, hitta lämplig plats för tälten, ordna tillstånd hos polisen, tala med brandkåren om vattenposter, ordna elektricitet, ordna toaletter, fixa lokalt program, sprida information. Vi ska skriva en ansökan till Kulturnämnden om ett ekonomiskt bidrag, vi ska rekvirera affischer från Stockholm, skriva till de politiska partierna och fråga om vi får använda deras valaffischpelare och eventuellt baksidan av deras valaffischer för att göra egna.

Det kommer bara en handfull personer till det första planeringsmötet. Nåja, det är ju bara första gången. Nästa gång kommer massorna. Men det blir snarare färre visar det sig. När det kommer till kritan är vi bara fyra personer som tar ansvar för förberedelsearbetet: Olle Widstam, Yvonne Fries, Monica Kjellerdal och jag.

För att få publik vill vi ha tälten centralt i Halmstad. Söker tillstånd att resa tälten i Norre Katts park. Nej, det får vi inte. Parkeringsplatsen vid Länsstyrelsen? Nej, inte där heller. Vi får tillstånd att vara på den ödsliga grusplanen ute på Sannarp. Vi hyr ett tält och får ihop ett gäng som kan sätta upp det. När Alternativkampanjen kommer till stånd visar det sig att vi inte borde ha ordnat detta extratält. Alla våra lokala aktiviteter hade gott kunnat inrymmas i det stora tält som Kampanjen medför, och vi hade då sluppit den ödsliga stämning som skapas när bara ett fåtal besökare kommer till vartdera tältet.

Vi ordnar ett demonstrationståg genom Halmstad till stöd för *Kommittén för mänskliga rättigheter i El Salvador*

Medverkande i Alternativkampanjen i Halmstad är bland andra Internationella sjukvårdsgruppen, Miljögruppen, FRIH, Solen, Kvinnor för fred, BOK (Biologisk Odlar- och Konsumentförening), FIVH, RATT, Syndikalisterna och Svensk-indianska förbundet.

Vårt lokala program omfattar utställningar, bland annat Miljögruppens potatisutställning *En knölaktig historia* och grisutställning *En svinaktig historia*, musik, teater och föredrag. Dessutom finns en del bokbord, bland annat från Svensk-indianska förbundet, Kvinnor för fred och Miljöförbundet.

Väldigt få besökare kommer – jämfört med vad vi räknat med. Dessutom visar det sig att kampanjen går med förlust, både centralt, och lokalt. Hos oss i Halmstad gäller de obetalda räkningarna framförallt tälthyra och skulder till kommunen för elektricitet och toaletter. Vi skriver till kommunen och förklarar att den löst sammansatta organisationsgruppen inte har några tillgångar att betala dessa räkningar med och anhåller om att få skulderna efterskänkta. Alternativrörelsen kan ju inte gärna förklara sig i konkurs.

Alternativkampanjen centralt har 300 000 kronor i skuld. Genom olika insatser, främst genom försäljning av Alternativkatalogen, uthyrning av utställningen och bidrag från riksorganisationerna får man ner skulden till 135 000 kronor. Men hur betala den? Man har resonerat om två olika sätt, antingen att grupperna betalar in det som behövs (för Halmstads del ungefär 2 000) eller att man ordnar rikslotteri, varvid vi i Halmstad skulle behöva sälja ungefär 1 000 lotter. När jag år 2016 skriver detta kommer jag inte ihåg vad vi gjorde för att klara av det.

Våra lokala skulder klarar vi genom att varje deltagande grupp betalar en andel av skulden.

Det är mycket deprimerande att i efterhand betala en misslyckad satsning. En ekonomisk lärdom av de olika ”alternativrörelsekonkurserna" (försöken att rädda tidningen Veckans Eko och andra alternativa tidningar, Alternativkampanjens centrala och lokala skulder, Miljöpartiets medlemslån till en valkampanj som inte ledde till mandat och därmed uteblivet förväntat partistöd) är att budgetarbetet är mycket viktigt – att det görs realistiskt.

Lärdomar av kampanjen är också att Alternativrörelsens styrka lätt övervärderas. Majoriteteten av registrerade medlemmar är helt passiva och de som är aktiva är ofta aktiva i flera olika organisationer. Medlemmar i olika grupper är obenägna att samarbeta kring övergripande gemensamma mål; de arbetar hellre med sin specialfråga. Om man skall ordna en stor gemensam grej i hela landet eller till exempel i Norden så måste man börja flera år i förväg med att på lokalplanet förankra tankarna.

Alternativkampanjen känns som en glad förväntans upplösning i svart besvikelse. Kampanjens svårigheter är kanske det första tecknet på att 1970-talets vänsterklimat håller på att ersättas av 1980-talets högersväng? *Svenska arbetsgivarföreningen*, SAF, driver på för ett systemskifte. Sture Eskilsson, som är chef för SAF:s avdelning för samhällskontakt, leder propagandakampanjen för att tränga tillbaka vänstervågen. Man utnyttjar ett stort nätverk av olika organisationer i kampen. Där finns allt från *Näringslivets ekonomifakta* och *Studieförbundet Näringsliv och samhälle* till *Skattebetalarnas förening, Folket mot löntagarfonder* och *Kvinnor för en borgerlig regering*. Man producerar rapporter, tidningar, läromedel och broschyrer. Man driver annonskampanjer. Man lyckas förändra språket. Välfärdssamhälle blir Förmyndarsamhälle. Skatter blir Skattetryck. Eftersom socialdemokraterna nästan alltid vinner valen är Sverige en Enpartistat. Marknadsliberalismens välsignelse sprids till politiker, medier och allmänhet. Valutaregleringen avskaffas och den nya ledstjärnan heter nyliberalism med privatiseringar av samhälleliga funktioner. Vi slutar vara medborgare och blir kunder.

Sverige är redo att möta 1980-talet.

Torgmöte eller insändare?

De flesta alternativrörelser ser som sin huvuduppgift att bilda opinion. Att påverka allmänheten och beslutsfattare av olika slag, så att man kommer att fatta vettiga beslut.

Opinionsbildningens villkor är väldigt olika för olika grupper. De kapitalstarka, som stora företag, stora tidningarnas ägare och chefredaktörer och stora nationers propagandaorgan, har tillgång till alla sorters media, de kan köpa manipulerade opinionsundersökningar, de kan bedriva omfattande lobbyverksamhet.

Alternativrörelserna, människor och organisationer som står i opposition till det etablerade, har begränsade verktyg för opinionsbildning: enkla affischer, demonstrationer, torgmöten, flygblad och insändare i tidningar..

Med affischer kan man sprida budskap. Tillverkning av affischer sker med målarpensel eller tuschpenna. När datorerna så småningom kommer blir det enklare. Men affischerna ska sättas upp också. Under den senare halvan av 1900-talet är affischering knappast möjlig. Det finns inga affischtavlor. Förr fanns, åtminstone på landsbygden, telefonstolpar och mjölkbord lämpade för affischering. De affischpelare i Halmstad, som företagen använder, kostar stora pengar. Miljöpartiets motion i fullmäktige om anslagstavlor för ideella organisationer leder visserligen till att det så småningom kommer upp anslagstavlor, men det visar sig att kommersiella arrangemang tar över större delen av utrymmet på dessa.

Det är sålunda svårt att ens nå ut till möjliga sympatisörer om man vill inbjuda till en manifestation. När sedan ett torgmöte eller ett demonstrationståg kommit till stånd når man ut med pyttesmå delar av sitt budskap till några tiotal eller i bästa fall något hundratal åskådare som ser plakaten och banderollerna.

Man kan dela ut flygblad med lite mera information än det som får plats på ett demonstrationsplakat. Men de flesta vägrar att ta emot flygbladen som man erbjuder. Jag har ibland tänkt göra en ordentlig undersökning om hur stor andel som tar emot, men denna undersökning har inte blivit av. Min bedömning är att högst en av tio tar emot. Om man i en kö kan få den första att ta emot så kan det fungera bra, de efterföljande kan då tro att det är något trevligt reklamerbjudande om billiga fiskpinnar eller dylikt och tar därför emot.

Om tidningar och radio rapporterar från en manifestation når man ut till ett stort antal människor, kanske 30 000 istället för torgmötets 30 åhörare. Men det är inte ofta media tycker alternativrörelsens aktiviteter är tillräckligt intressanta.

I Amnesty skriver vi brev för våra fångar men skulle också vilja sprida information till invånarna i Halmstad om övergreppen runtom i världen. Vi lyckas sällan få HP att skriva om Amnestyfrågor. Så småningom förstår vi att det är nyheter med lokal anknytning man kan få in. Aha! Då kanske man kan gå en omväg. Vi har ofta fall av medicinsk karaktär, till exempel fängslad sjukvårdspersonal eller samvetsfångar i behov av sjukvård. Jag brukar då skriva vädjandebrev som kolleger på sjukhuset ombeds underteckna. I regel kan jag på lunchen i matsalen få ihop ett tiotal undertecknare. Ibland samlar jag namn under flera dagar och har någon gång fått ett femtiotal läkare att skriva under. Då kan jag på nyhetsplats i tidningen få in information om Amnestyfallet med rubriker som *Halmstadsläkare vädjar för politisk fånge*. Efter ett tag tycks HP dock anse att det alltför ofta blir denna rubrik och det blir slut med dessa notiser.

Större möjlighet att få ut sitt budskap till många människor har man, om man skriver debattinlägg på insändarsidan i tidningen, trots att även där lokala frågor prioriteras framför globala. Insändarskrivande är därför en viktig del i alternativrörelsens opinionsbildning.

Insändarskrivandet underlättas avsevärt då jag 1984 skaffar en dator med ett ordbehandlingsprogram, en Commodore 64 – senare kallad leksaksdator. Namnet kommer av att den har 64 kb arbetsminne. Nu får begreppen klippa och klistra en ny betydelse. Man behöver inte sax och klister. Det går att återanvända delar av texter man skrivit. Vilket dock också visar sig innebära risker. Jag inser att jag kan hjälpa mina miljöpartikamrater i grannkommunerna genom att återanvända samma motionstexter som vi använt i Halmstad. Bara byta namn på kommunen. Därför dyker det upp i Laholm en motion till fullmäktige med följande krav:

Jag yrkar att kommunfullmäktige förklarar Laholm vara en kärnvapenfri zon och att som en konsekvens därav inga fartyg som kan befaras vara kärnvapenförande tillåts anlöpa hamnen i Laholm.

Risken för att kärnvapenbestyckat krigsfartyg ska anlöpa den lilla ångbåtsbryggan i Lagan är kanske inte alltför stor.

Jag har inte någon statistik på hur många insändare det blivit genom åren. Men något tusental handlar det nog om. För att spara portokostnader cyklar jag ofta på lördagarna runt och lämnar inläggen till de tidningar som har lokala brevlådor: HP på Klammerdammsgatan, Hallands Nyheter och Laholms Tidning vid lilla Torg och Arbetet på Kungsgatan. När e-posten senare kommer blir denna distributionstyp onödig.

Tyvärr är det väldigt få av alternativrörelsernas skrivkunniga sympatisörer som medverkar i insändarskrivandet. En del tycker nog det är töntigt med insändare. Men anser man att budskapet är viktigt bör man väl använda de kanaler som är effektivast?

Ofta samlar vi underskrifter under upprop av olika slag. Ibland förvånas man över en del som inte vill vara med. Första maj står solidariteten i centrum på Stora torg. Jag går runt med en lista med protest mot tortyren i Latinamerika. Här ska väl alla skriva på? Men nej, flera vägrar. En kvinna i ledet säger:

– Nej jag tror inte min man skulle tycka om att jag skrev på det här.

Ibland har alternativrörelsens aktivister av ledarskribenter och andra blivit kallade *yrkesdemonstranter* som inte kan hitta på något vettigare att göra och därför springer omkring och demonstrerar. Om det finns sådana vet jag inte. Själv har jag aldrig känt behov av att demonstrera för att fördriva tiden. Som ensampappa med ett krävande heltidsarbete som läkare och med läroboksskrivande, undervisning och ett antal kliniska forskningsprojekt vid sidan om, har jag alltid haft mer än nog att göra.

Någon gång kan man råka ut för skojigare beskrivning än yrkesdemonstrant. En journalist på Hallands Nyheter skrev en gång: *Nils Eriksson, känd för att vilja förbjuda allt som är roligt.* Bakgrunden var att jag som allergiläkare skrivit om problemen med parfymer och blommor i offentlig miljö, som miljömedveten skrivit om bilismen och som folkhälsointresserad varit engagerat mot tobak och alkohol.

Och då hade denne journalist ännu inte sett min vetenskapliga artikel *The hazard of kissing when you are allergic...*

Det är inte alls trevligt att bråka, att framföra impopulära budskap, att med plakat och flygblad utgöra ett störande element i stadsbilden, det är till och med ganska olustigt många gånger. Ibland måste man dock göra även sådant, för att det är viktigt.

Att demonstrera för den egna gruppen är inte kontroversiellt. Men det räcker inte att bara tänka på sig själv.

Kyrkoherde Martin Niemöller, som i många år satt i nazisternas koncentrationsläger, anses ha skrivit följande dikt:

I Tyskland hämtade de först kommunisterna, och jag protesterade inte, för jag var inte kommunist;
Sedan hämtade de fackanslutna, och jag protesterade inte, för jag var inte fackansluten;
Sedan hämtade de judarna, och jag protesterade inte, för jag var inte jude;
Sedan hämtade de mig, och då fanns ingen kvar som protesterade.

Alternativa annonser

Vid några tillfällen har alternativrörelserna sökt sprida budskap genom stora annonser, betalda av dem som undertecknat uppropet.

I annonsen *Traktat nu* var budskapet:

> *Traktat nu är en nordisk kampanj för ett avtal — TRAKTAT — mellan Nordens länder gällande en kärnvapenfri zon i Norden. En kärnvapenfri zon innebär att länderna inom zonen förbinder sig att inte testa, producera, anskaffa eller äga kärnvapen. Ej heller skall de tillåta andra länder att införa, utplacera eller lagra kärnvapen i zonen.*

När det kom en period med avspänning i det kalla kriget samlade vi namn under en annons med *Upprop mot svensk upprustning*. I uppropet krävde vi att regeringen skulle tillsätta en särskild utredning om vad den nya avspänningen kan innebära för Sverige och hur svensk politik aktivt kan bidra till avspänning och nedrustning. Dessutom krävdes att alla beslut om anslagsökningar till det svenska försvaret skulle uppskjutas i avvaktan på utredningens resultat.

I samband med Kuwaitkriget 1990 hade vi en annons med rubriken *STOPPA KRIGET NU! Förhandling och dialog bättre än våld!* I annonsen krävdes att Sveriges regering skulle verka för ett omedelbart eldupphör mellan de krigförande parterna och att Irak skulle lämna Kuwait, att regeringen skulle ta initiativ för att bistå krigets offer och restaurera förstörd miljö, att regeringen skulle verka för en bred och fredlig lösning av hela Mellanöstern-problematiken och att svensk export av krigsmaterial till de krigförande länderna skulle stoppas samt att regeringen skulle verka för internationell kontroll av vapenhandeln

När persontrafiken på Halmstad-Nässjö järnväg hotades av nedläggning hade vi en annons: *Upprop för Halmstad-Nässjö järnväg*. I annonsen föreslogs:

Upprustning av banan. Anskaffande av en bränslesnål och snabb motorvagnstyp med bra komfort. Nyupptagen persontrafikering på sträckan Halmstad—Hyltebruk. Bättre marknadsföring av banan. Elektrifiering på sikt. Anpassning av tågtiderna i Halmstad så att de stämmer med anslutningståg mot Malmö och Göteborg.

I en annons med rubriken *Bränn inte den svenska havren!* stod det:

Det strider mot alla humanitära och etiska principer att bränna mat, samtidigt som miljoner av människor världen över svälter. Låt den del av havren som är tjänlig som människoföda bli den svenska regeringens biståndsgåva till det nöddrabbade Nicaragua och de torkdrabbade länderna i Afrika!

Klipp ur annonsen för TRAKTAT NU

TRAKTAT NU är en nordisk kampanj för ett avtal — TRAKTAT — mellan Nordens länder gällande en kärnvapenfri zon i Norden.
En kärnvapenfri zon innebär att länderna inom zonen förbinder sig att inte testa, producera, anskaffa eller äga kärnvapen. Ej heller skall de tillåta andra länder att införa, utplacera eller lagra kärnvapen i zonen.
Undertecknade stöder arbetet för en kärnvapenfri zon i Norden och har betalat denna annons.

Anita Abrahamsson, Ann Marie Abrahamsson, Roland Abrahamsson, Ingvar Adamsson, Annika Ahlgren, Gerardo Ameyo, Ch Anastasius, Anna Carin Andersson, Arne Andersson, Arne Andersson, Bengt Andersson, Carin Andersson, Carl Oskar Andersson, Christer Andersson, Elisabeth Andersson, Gert Andersson, Gun Andersson, Gunnar Andersson, Göran Andersson, Gösta Andersson, Inger Andersson, Jörgen Andersson, Karin Andersson, Kenneth Andersson, Lisa Andersson, Martin Andersson, Richard Andersson, Sara Andersson, Mia Andree, Lena Anveden, Per Anders Anveden, Maria Arnström, Mikael Arnström, Christina Artering, Stefan Artering, Elly Arwidson, Per Arwidson, Sigbritt Arwidsson, Ann-Louise Augustsson, Mats Augustsson, Anna-Greta Bengtsson, Anne Bengtsson, Bengt-Göte Bengtsson, Elin Bengtsson, Erik Ossian Bengtsson, Gunnel Bengtsson, Hanna Bengtsson, Hans Bengtsson, Helene Bengtsson, Kjell Bengtsson, Lars-Göran Bengtsson, Lisselotte Bengtsson, Magdalena Bengtsson, Marianne Bengtsson, Inger Bergman, Ingvar Bergman, Ulrika Bergman, Jimmie Bergström, Richard Bergström, Borge Bilgrav, Greta Bilgrav, Lars-Erik Bilgrav, Ros Marie Bilgrav, Mats Bjelksjö, Gunilla Bjelm, Ulla Bjerström-Gustavsson, Christer Björck, Bertil Björklund, Helena Björklund, Nils Björkman, Yvonne Bladh, Maria Borgström, Sven Borgström, Ulla Borgström, Irene von Bothmer, Gunnel Braithagen, Malin Brorsson, Anne Marie Bruno, Anne Brushane, familjen Brydolf, Jan-Erik Byström, Katarina Bäck, Berit Bäckström, Anna Carlsson, Kerstin Carlsson, Lars-Göran Carlsson, Lena Carlsson, Sven-Olle Carlsson, Oscar Carrascon, Lars Cederbom, Lilian Cederbom, Lukas Cederbom, Pia Cederbom, Friedrich Combüchen, Ingrid Dahl, Leif Dahlgren, Rigmor Dahlqvist, Eva Danielsson, Lennart Danielsson, Kenneth Dinér, Martin Drovay, Stefan Dudas, Lennart Edenqvist, David Edgeston, Inger Egermark-Eriksson, Margareta Ek-Wirack, Bo Ekberg, Leif Ekerud, Einar Eklund, Leif Eklund, Mai Eklund, Andrea Elgström, Artur Eliasson, Håkan Eliasson, Lennart Engman, Lilian Engstrand, Bror Engström, Gunaino Enqvist, Ann-Marie Ericson, G Ericson, Irene Ericson, Ann-Marie Eriksson, Anna Eriksson, Eva Eriksson, Gustaf Eriksson, Göran Eriksson, Katarina Eriksson, Nils Eriksson, Per Eriksson, Signe Eriksson, Sven Eriksson, Tomas Eriksson, Patricia Estay, Monica Evald, Eva-Lotta Fagerström, R Fagerström, Annmarie Fahlander, Mats Fahlander, Anna-Karin Fajersson, Anne Fidler, Emma Figneros, Kathinka Fleischer, Stina Fransson, Britta Friberg, Joakim Friberg, Barbro Frändberg, Charlotta Frändberg, Lena Frändberg, Marcia Fuentes, Galvarino Gallardo, Ingrid Galmin, Gaston Gomez, José-Luis Gomez, Thomas Grafton, Leif Grenlund, Maj-Lis Grenlund, Erkki Grönroos, Anders Gullman, Linda Gunnarsson, Mats Gunnarsson, Rune Gunnarsson, Ulla Gunnarsson, Greta Gustafsson, Göran Gustafsson, Kjell Gustafsson, Pege Gustafsson, Dagny Gustavsson, Eivy Gustavsson, Margareta Gustavsson, Roland Gustavsson, Håkan Göransson, Margreth Göransson, Sten Haake, Anna Hagenblad, familjen Hagenblad, Pär Hallberg, Lotta Hallgren, Stefan Hanje, Anders Hansson, Eva Hansson, Jan Erik Hansson, Kurt Hansson, Magnus Hansson, Maj-Britt Hansson, E Hassellöv, Madeleine Hedlund, Göran Hegen, Jonny Heimler, Monika Hellgren, Gert Hellström, Ulla-Britt Henningsson, Stefan Hillbom, Jan Hillgård, Vega Hjalm, Daniel Hjärne, Irene Hofstedt, Ilse Holm, Birgitta Holmelind-Roos, Ulla Holmer, Jörgen Holmgren, Åke Holmkvist, Christina Holmsten, Hans Holmström, Helena Holmström, Inger Holmström, Mary Holmström, Birgitta Holst, Jens Hubertson, Kerstin Hägertz, Monica Hägg, Inga Lill Håkansson, Benkt Högstedt, Berith Ivarsson, Åke Jacobsson, Carina Jansson, Elisabeth Jarrå, Christof Jeppson, Heike Jeppsson, Håkan Jeppsson, Åsa Jeppsson, Doris Johanson, Mårten Johanson, Aase Johansson, Allan Johansson, Anna Johansson, Bernt Johansson, Birgitta Johansson, Börje Johansson, Catarina Johansson, Christer Johansson, David Johansson, Elaine Johansson, Erna Johansson, Inga Johansson, Ingegerd Johansson, Ingvar Johansson, Jan Erik Johansson, Jessica Johansson, John Johansson,

Söderbor mot bro

Vi har kommit fram till 1986. Det var detta år som hamnledsfrågan, som drivits av RATT i slutet av 70-talet, åter aktualiserades. Det var detta år som Olof Palme mördades, kärnkraftskatastrofen inträffade i Tjernobyl, glasnost presenterades i Sovjetunionen och Roxette bildades i Halmstad.

Det var med anledning av att Järnvägsleden, den första delen av Ringleden, var på väg att färdigställas, som frågan om Hamnleden kom upp igen. Bland invånare på Söder steg oron över att deras stadsdel skulle genomkorsas av en stor trafikled, som skulle fjärma Söder från havet och Alet. Vid ett möte på Marinstugan bildades ***Aktionsgruppen mot Hamnleden*** (AMH) med miljöpartisten Säde Ikonen som ordförande. Gruppens fältrop var *Hamnleden är onödig*. Föreningen producerade en informationsskrift och en utställning, ordnade offentliga möten, debatter och demonstrationer samt en vykortskampanj.

Planerna på en ny bro över Nissan stoppades oväntat av kommunrådet Jörgen Andersson, som 1987 sade: ”Vi måste ta människors oro på allvar och därför avföra Hamnleden från dagordningen”. Fullmäktige satte sedan punkt för leden. En seger för AMH.

Planerna på en ny led över Nissan togs dock åter upp 1990. Nu föreslogs en sydligare dragning över varvsområdet. Aktionsgruppen återuppstod, nu med Lasse Ohlsson som ordförande. När frågan kom upp i kommunfullmäktige genomförde Lasse en demonstration på Rådhuset. Innanför dörren ställde han en likkista med inskriften *Hamnleden*. Det hjälpte inte. Med röstsiffrorna 62 för leden och 9 mot (MP och VPK) beslöts att Hamnleden åter skulle finnas med i kommunens trafikplanering.

Hösten 2016 presenterades tre olika alternativ för en förbindelse över Nissan på Söder. Frågan är ännu inte avgjord.

Kistingevind ger grön el

Sol, vind och vatten var miljörörelsens alternativ till kärnkraft. I Halmstad fanns inga vindkraftverk.

Miljöpartisten Bruno Toftgård tog i mitten av 80-talet initiativ till arbete för miljöfrågor över partigränserna. Man bildade TAMM, *Tvärpolitiska aktionsgruppen mot miljöförstöring*. Göran Sidén hjälpte 1987 till med att skriva en motion, som folkpartisten Bertil Nilsson lämnade in till kommunfullmäktige. Motionen, som föreslog att kommunen skulle bygga vindkraft, blev positivt mottagen och det beslöts att Halmstads energiverk skulle bygga vindkraftverk. Energiverket kom dock inte till skott och några engagerade lärare och elever på Kattegattgymnasiet, som tyckte det dröjde för länge, beslöt att själva bygga ett verk. Man samlade in villiga aktieägare från intresserade och bildade 1989 ***Kattegatt Vindkraft AB***. Man fick ihop inte mindre än 300 aktieägare, huvudsakligen privatpersoner men även en del organisationer. Bolaget hade 1992 tillräckligt med kapital för att komma igång och man byggde två vindkraftverk i Kistinge, mittemot Pilkingtons. Vid invigningen den 10 oktober talade professor Bodil Jönsson från Lund (med ursprung i Johansfors), blåsorkestern Åderlåtarne spelade och kören Tonslingan sjöng bland annat en nyskriven vindkraftlåt. Det ena vindkraftverket kom sedan att ägas av en privatperson.

De flesta som var aktiva i vindkraftsbolaget var personal eller elever på Kattegattgymnasiet och de var inte intresserade av att bli företagare och syssla med bolagsfrågor. Man tog kontakt med *Eolus Vind AB* i Osby som startat något tidigare och hade liknande ideologisk bakgrund. De två bolagen slogs ihop. Kattegatt Vindkraft AB blev en del av ***Eolus Vind AB***..

Så småningom kom Halmstad energiverk i gång och byggde ett verk, också i Kistinge. Verket såldes vidare till, ***Elvira***

Vind Ekonomisk förening, som var ett vindkraftkooperativ öppet för Energiverkets kunder.

Omkring 2014 såldes de båda ursprungliga Kistingeverken till Irland, där de nu står. Elvira Vind Ekonomisk Förenings verk såldes till en privatperson. När det framkom att han hade planer på att sälja det vidare till Irland, och det då inte skulle finnas kvar några vindkraftsverk alls i Kistinge som minne av de ursprungliga initiativen, köpte nio lärare på Högskolan i Halmstad samt tre privatpersoner detta vindkraftsverk genom det nybildade ***Elvira Vind AB***.

Så det verk som nu står kvar är det som man motionerade om i fullmäktige 1987. Målsättningen är att det ska vara i drift på platsen så länge det går. Verket har redan passerat den normala drifttiden för den typen av verk, men det är fortfarande 2017 i gott skick och snurrar lika bra som i början. Verket har en rotordiameter på 27 meter, tornet är 31 meter högt och effekten 225 kW. Ungefär 400 000 kWh (kilowattimmar) har det gett under normala vindår

Festival i rysk midnattssol

Fredsaktivister i Halmstad deltar i flera olika fredsläger och fredsfestivaler. Den mest avlägsna är ***Freds- och miljöfestivalen i Murmansk*** sommaren 1989. Det är det år då Berlinmuren faller, massakern sker på Himmelska fridens torg i Kina och USA invaderar Panama.

Från Halmstad deltar sex personer. Till Östersund nyttjar vi liggvagn och därefter Inlandsbanan till Gällivare, där vi på vandrarhemmet får många myggbett. Sedan tåget till Kiruna där festivaldeltagare från olika håll samlats för att åka vidare med abonnerade bussar. Via Karesuando kommer vi till Kautokeino där det blir övernattning. Följande dag kommer vi till Kirkenes. Efter en dag med föredrag och konserter i Kirkenes åker vi in i Ryssland. Gränspassagen i Storskog är en folkfest; denna förmiddag passerar här nästan lika många personer som det normalt passerar under ett helt år. Vid en liten sjö har man byggt en utomhus-tullstation med plats för 5–6 kontrollörer. Pass- och tullkontrollen går otroligt smidigt. Det liknar på intet sätt de omständliga kontroller vi varit med om vid sovjetiska gränspassager tidigare. Är det glasnost som nått hit?

Det var för fyra år sedan som Michail Gorbatjov valdes till generalsekreterare för Sovjetunionens kommunistiska parti och började genomdriva glasnost (öppenhet) och perestrojka (nydaning). Yttrandefriheten har ökat och det har införts fria och hemliga val inom partiet. Inom utrikespolitiken har Gorbatjov arbetat för avspänning och avrustning. De förändring Gorbatjov inlett kommer 1991 leda till att Sovjetunionen upplöses och det kalla kriget mellan öst och väst verkar ta slut.

I den ryska staden Nickel är torget fyllt av lokalbefolkning, samlad för att möta oss. Staden ser fattig ut. Barnen smutsiga. Vi byter märken och lämnar några små presenter – tvålar från något hotell uppskattas. Gruvan ligger direkt i anslutning till bostäderna och det ser fruktansvärt ödsligt ut. Stationshuset som en liten färgklick bland svart grus.

Ett tåg med många vagnar tar oss till Murmansk. Utsikten i trakten kring Nickel ger ordet skogsdöd ett ansikte. Mil efter mil bara kala trädstammar, som om ett krig gått fram. Ingen grön undervegetation. En effekt av föroreningarna från gruvan.

Flera barn är med på tåget. Signe är en språkintresserad liten flicka. Jag lär henne några ryska ord. Nu vandrar hon genom tåget i spetsen för en lång rad ungar och hälsar till de ryska konduktörerna:

– *Privet*!

– Va ballt, det funkar, säger ett av barnen

I Murmansk bor vi på hotell *Parallell 69*, det vill säga Breddgrad 69. I hissen utbrister en skräckslagen flicka:

– Varför skulle just hissen fungera?

Hon har noterat att det är mycket här som inte fungerar. Man lär sig uppskatta svensk hantverksskicklighet och kvalitetskontroll när man ser hur slarvigt en del är gjort och hur dåligt saker och ting fungerar.

På festivalplatsen sätter vi upp vår affischutställning i kafétältet. Vi har medfört tapetrullar, tape, klister, häftstift och klädnypor men skulle behöva mera. Vår affisch presenterar fem olika grupper i Halmstad: Kvinnor för fred, Läkare mot kärnvapen, Miljöpartiet, Framtiden i våra händer och Amnesty.

När vi står vid utställningen frågar en Murmansk-yngling:

– Var kan man få tag på Miljöpartiets representant

Ynglingen som frågar tillhör en grupp gröna ungdomar som vill ha kontakt med Miljöpartiet. Vi träffar dem nästa dag hemma i en lägenhet. De gröna i Murmansk har ungefär 40 aktiva medlemmar i olika åldrar. Hittills en lös grupp utan stadgar eller dylikt. De har verkat i bara fyra månader men hoppas bli officiellt registrerade inom kort och ställa upp i kommunalvalen i september. Det finns en annan miljögrupp i Murmansk, som består av lite äldre.

– De gillar mera att prata. Vår grupp vill vara mera aktivistisk.

Jag frågar vad de betraktar som största miljöproblemen i Murmansk och får svaret:

– Allt! Bilavgaser, bussar, båtar, sjöar och hav, dålig rening, atomisbrytare, koleldat elverk i centrum. Folk bryr sig inte om miljön. Men nu börjar man åtminstone kunna läsa om problemen i tidningarna.

Vi berättar för dem hur MP i Sverige fungerar. De är intresserade av hur vi finansierar vår verksamhet och ser gärna ekonomiskt stöd från De gröna i Väst. Jag lovar att vi ska sända all ryskspråkig information vi har om MP.

I festivaltälten lyssnar vi på föredrag, bland annat om miljöproblemen i Barents hav. På kvällarna strosar vi omkring på festivalplatsen bland de olika tälten och bland sjungande och dansande grupper: pensionärskören med fylliga kvinnor i långa ljusvioletta klänningar, balalajkaorkestern med den vackra sjungande solisten Rosa, sång och dansgänget i folkdräkter med den idogt dansande blåblusade runde mannen.

Solen går aldrig ner – vi är i midnattssolens rike.

Sista dagen deltar vi i ett demonstrationståg för fred och miljö. På kvällen avslutning med tal, sång och musik. En liten pojke i publiken blir jätteglad över några gamla färgkritor som vi tagit med hemifrån.

På hemresan blir Agneta i det kvinnofattiga Pajala inbjuden att sitta upp i en raggarbil.

Pensionärskören
i Murmansk

Att ordna en demonstration

Från de många manifestationerna på Stora torg i Halmstad minns jag inte så många detaljer. Men vid ett tillfälle råkade jag skriva lite fylligare dagboksanteckningar. Därför tar jag här med en berättelse om hur det kunde gå till. Det är januari 1991.

– Vi borde ordna en demonstration mot bombningarna, säger jag till Agneta vid kvällsmaten.

USA, där George H.W. Bush nu är president, och dess allierade började i går – med godkännande från FN – att bomba Irak. *Operation Ökenstorm* har inletts. Anledningen är att Iraks armé för två år sedan gick in i det oljerika Kuwait, avsatte familjen Sabah som styrde landet och ockuperade oljeinstallationerna.

Västmakterna kan inte acceptera den förskjutning av maktbalansen som annekteringen innebär. Den ses som ett hot mot Västs oljeförsörjning. Formellt framförs dock inte oljan som skäl till den enorma krigsinsatsen mot Irak.

– Vi ringer till några som kan vara intresserade och bjuder in till arbetsfrukost i morgon, säger jag till Agneta.

Nils Gezelius, Helena Björklund och Heike Jeppsson kommer nästa dag, det är lördag. Vid frukostbordet formulerar vi en flygbladstext. Helena och jag cyklar till min arbetsplats, där jag har tillgång till dator med skrivare, och skriver ut texten, arrangerar illustrationer, kopierar och skär medan de andra åker till Miljöpartilokalen och gör plakat.

Vi demonstrerar på torget och delar ut flygblad.

De följande lördagarna demonstrerar vi också; vi har spritt meddelandet till flera och det kommer ytterligare några men andra förväntade aktivister uteblir så vi blir i regel bara en handfull demonstranter. HP har informerats men inte skrivit något.

Alla våra vanliga dagstidningar liksom majoriteten av svenskarna stöder kriget.

En demonstrationslördag i februari står jag helt ensam på torget. Tänker dystert att nu är det väl ändå dags att ge upp det här. Tv har visat bilder från ett bombat skyddsrum med ungefär 500 ihjälbrända civilpersoner. Det borde finnas lite mer intresse för fred. Nå, efter en stund kommer Nils Gezelius och Olle Risholm och så småningom ytterligare några så vi blir faktiskt åtta personer och lyckas göra slut på flygbladen. Och faktiskt kommer även HP idag.

Några riksorganisationer har föreslagit omfattande demonstrationer nästa lördag. Vi ska väl ordna något i Halmstad också? Talar med några om att försöka ordna tal och musik vid aktionen på lördag.

Gunnel Karlsson i FN-föreningen kan ordna högtalare. Vi tittar på några grammofonskivor och Heike lovar att föra över lämpliga stycken till ett kassettband, som kan spelas upp på torget. Jag ska förbereda ett tal.

Nästa dag. Gunnel meddelar att deras högtalare inte är lämplig för överföring av musik från bandspelare via mikrofon. Vad göra? Har någon en flyttbar stereoanläggning? Jag kollar om min lilla kassettradio funkar med stor högtalare. Javisst. Bra. Jag plockar för säkerhets skull fram de extra högtalare som finns i källaren. Heike ska hämta med bil. Nils Gezelius ordnar polistillstånd. Jag skriver ett pressmeddelande och cyklar runt och lämnar till radion, HP, Hallands Nyheter och Laholms Tidning.

Fredag eftermiddag kommer jag på att det finns ett problem. Gunnel kanske inte har tänkt på elektricitetsfrågan. Ringer henne och får veta att det inte finns el men hon har uppladdningsbar högtalare. Hur göra med musiken? Jo, min radio går med batteri. Kollar. Nej den funkar inte. Vad ska vi då göra? Jo, man kan använda bilstereo.

Heike säger:

– Min bilstereo är sönder men kanske man kan laga den?

Nils Gezelius har en lösning:

– Vi har bilradio med bra ljud men har aldrig prövat att spela kassettband på den.

Fint. Då spelar vi på deras bilradio.

Jag cyklar ändå ned till torget för att undersöka el-frågan. Åke, torgföreståndaren säger:

– Det finns el-urtag i en stolpe i hörnan vid Systembolaget där ni ska stå.

Jag kollar för säkerhets skull. Bra, det finns urtag.

På kvällen efter det jag hört 21-nyheterna – eftersom det pågår underhandlingar om vapenvila vill jag att morgondagens text ska vara aktuell – skriver vi ut flygblad, gör dessutom förstoring av diverse texter som jag tänker att några av de kamrater som kommer kan läsa upp mellan musikinslaget. Tillverkar listor där alla kan skriva under ett upprop.

Lördag regnar det. Hoppas det kan bli uppehåll under demonstrationen. Kommer det många demonstranter? Heike har gjort utskick till alla medlemmar i Kvinnor för fred. Nils Gezelius har ringt runt till olika organisationer som stöder uppropet på riksplanet. Jag har sänt kallelse med internposten till en handfull aktivistkolleger på min arbetsplats och ringt till flera vänner. Dessutom fick vi en notis i gårdagens HP.

Vid tiotiden hämtar Nils Gezelius mig och diverse utrustning: kassettradio, högtalare, jordade förlängningssladdar, flygblad, talartexter, hammare och spik, sax, plast, kartong med mera. Vi parkerar bilen vid el-stolpen på torget. Gör iordning några extra plakat och reparerar de gamla i MP-lokalen. Klockan 11 finns vi på plats, ungefär 15 demonstranter. Inte fler. Inte de entusiastiska flickorna som sagt att de kunde få ihop 100 personer, inte en enda från Fredsgruppen.

Och så ska vi börja med musiken.

Murphys första lag säger ungefär *Allting som kan gå fel kommer att gå fel.* Hans andra lag säger *Om någonting inte kan gå fel, så går det fel i alla fall.* När det gäller högtalarfrågan ska inget kunna gå fel för oss på torget; vi är garderade. Gunnel har uppladdad högtalare med mikrofon, jag har bandspelare med högtalare, det finns el-urtag på torget och vi har två bilar med kassettradio.

Gunnel kommer med högtalaren. På grund av regnet sätter vi den inne i bilen. Kollar. Den fungerar inte. Det kommer Inte ett ljud.

Vi kopplar radion till el-urtaget. Ingen ström.

Aha, man måste öppna en lucka i stolpen. Har inte verktyg. Lånar från torgföreståndaren en skiftnyckel. Det går ändå inte.

OK, då använder vi Gezelius bilstereo. När Heike ska sätta i bandet upptäcker hon att det inte finns någon bandspelare i denna bilradio! Det hade Nils Gezelius inte tänkt på.

Då får vi ta Heikes bil. Hon springer till garaget för att hämta den.

Heike dröjer.

Jag granskar närmaste fastighet för att se om man kan låna ström. Nej. Går in i järnhandeln och köper 6 nya batterier. Det var ju batteribrist som gjorde att min radio inte gick på batterier?

Nej, den funkar inte med nya batterier heller.

Efter en stund kommer Heike rusande:

– Jag har kört runt i stan och hittar inte någon infart till torget!

Vi förklarar att hon får köra upp mellan stolparna i sparbankshörnan.

Äntligen – det kommer musik ur högtalarna som sitter baktill i Heikes bil. Bakluckan måste vara öppen för att musiken ska höras. Men spärren till bakluckan är sönder så luckan kan inte hållas öppen. Vi får offra ett fredsplakat för att hålla uppe luckan.

Regnet faller oupphörligt. Alla är blöta. Men vi genomför en demonstration. Delar ut en del flygblad. Utan högtalare blir det inget tal. Men Laholms Tidning kommer! Om en tidning skriver något om den så är en demonstration inte förgäves. Eller är den det? Lönar det sig att göra något?

Vi avbryter demonstrationen när kassettbandet spelat slut. De som kan, träffas på Café Österskans för fika efteråt. Jag går upp till MP-lokalen med plakat och stolpar. Hänger ut KFF:s banderoll på tork.

Hemma plockar jag upp alla blöta papper, hänger ut plastfickor på tork, hänger blöta kläder i torken, tar på mig torrt.

En av våra många demonstrationer på Stora torg i Halmstad är avslutad.

Kan demonstrationerna påverka beslutsfattarna? Om det bara vore vi i Halmstad som demonstrerade mot kriget i Irak skulle våra aktioner vara tämligen meningslösa. Men runtom i Sverige och i resten av världen protesterar man på liknande sätt. Vi tror att det har betydelse.

Detta krig stoppar vi förstås inte. Dagen efter vår demonstration startar USA markoffensiven. Slutfasen blir mycket blodig för irakierna. På motorvägen mellan Basra och Kuwait City dödas tusentals irakier, trots att Irak nu förklarat sig berett att lämna Kuwait. Det är retirerande soldater som dödas.

Irak bestraffas efter kriget med en rad sanktioner. Dessutom fortsätter USA och Storbritannien att av och till bomba landet. Den misär som de ekonomiska sanktionerna vållar Iraks befolkning gör att FN:s samordnare av humanitärt bistånd till Irak avgår i protest. Sanktionerna påstås tillsammans med bombningarna ha vållat nära en miljon dödsoffer.

Detta år, 1991, är det förutom i Irak krig i det sönderfallande Jugoslavien. Vid valet i Sverige sker en kraftig högervridning. Ny demokrati kommer in i riksdagen och MP åker ut.

Utrota varenda jävel

Sommaren 1991 förklarade sig två delrepubliker, Slovenien och Kroatien, självständiga från Jugoslavien. Det blev starten för ett antal krig som kom att vara ända till 1999 och leda till Jugoslaviens upplösning som stat. Krigsförbrytelser och andra grova brott mot de mänskliga rättigheterna var vanliga. Mer än två miljoner människor fördrevs eller tvingades fly. Många flyktingar kom till Sverige. På bara ett par, tre år tog vi emot närmare 200 000 människor.

Nu är det januari 1992. Sedan en tid har det dykt upp insändare och andra opinionsyttringar med rasistiska och invandrarfientliga budskap. Det har till och med skett övergrepp mot flyktingar. Under 80-talet verkade den rasistiska kampanjorganisationen BSS, *Bevara Sverige svenskt*. Gruppen upplöstes så småningom och gamla BSS-medlemmar var med och bildade *Ny demokrati* som kom in i riksdagen 1991 med nyliberalism, populism och invandringsmotstånd på programmet.

Det är förfärligt.

Jag resonerar med Nils Gezelius om vad man kan göra. Vi borde få ihop en grupp som ordnar aktiviteter för solidaritet och agerar mot främlingsfientlighet. Och även mot miljöförstöring.

Hur ska vi nå ut till intresserade? Vi kommer överens om att Nils Gezelius först skriver en insändare i HP om dessa problem och att jag svarar på den och i mitt svar föreslår att de som är intresserade träffas vid lördagsfika på Café Österskans (senare kallat Café Strandgatan 20) i Immanuelskyrkan.

Det fungerar delvis. Några dyker upp på Café Österskans. Vi skriver brev till en del andra och får så småningom ihop en arbetsgrupp på ett tjugotal personer som vid ett antal träffar funderar på möjliga aktiviteter. Vid den första träffen skriver vi upp några förslag på vad man kan göra:

Fackeltåg mot rasism. Namninsamling: Stoppa en reaktor nu. Delta i miljökonferens om trafiken i Helsingborg. Kräv skattehöjning med 1 krona och gratis buss. Skriv insändare. Bjud in journalister och politiker. Aktion mot bilisternas bristande hänsyn till fotgängare vid övergångsställen. Försöka få till stånd attitydförändring hos de många: påverka vår närmaste omgivning till förändrat levnadssätt. Man kan till exempel åstadkomma gemensamma miljöriktiga inköp genom "Konsumentforum". Ta bort alla engångsartiklar från arbetsplatserna. Var och en tar med egen mugg. Åter presentera "10 steg mot framtiden". Dela ut informationsblad på Stora Torg. Dela ut "Ingen reklam tack" - och se till att man inte ska behöva missa kommunal information samtidigt. Ordna offentligt möte med till exempel Erik Damman eller Bengt Hubendick. Medverka i Kulturhuset inför pjäsen "SOS rädda världen". Påverka människor att inte ständigt köpa nytt (och om man köper nytt se till att användbara saker återanvänds till exempel via Amnestys loppmarknad). Resursslöseriet är så enormt - fundera på vad vi själva är beredda att avstå från. "Det måste svida i skinnet". Kampanj för "Dela lika dag" på vårdagjämningen. Kom med förslag till trafikkampanjen som Ren produktion planerar.

Vi får till slut ihop inte mindre än 45 organisationer i Halmstad som stöder aktiviteterna. Antalet individer som är med och jobbar med aktiviteterna är dock betydligt färre.

Så småningom blir det hela koncentrerat kring frågan om rasism och främlingsfientlighet. Vår paroll blir:

Världen i Halmstad ger värden åt Halmstad.

Under hösten 1992 genomför vi tre större manifestationer mot rasism:

- ett torgmöte med tal, sång, dans och musik följt av demonstrationståg genom staden
- en kulturafton på Halmstad Teater med sång, dans och musik
- ett föredrag av Sven Lindqvist i Immanuelskyrkan om rasismens historia. Rubriken på föredraget är samma som titeln på hans bok: *Utrota varenda jävel.*

Om vi stoppat rasismen i Halmstad kan vi inte veta.

Nej till Fästning Europa

I oktober 1990 meddelade den socialdemokratiska regeringen att tiden var inne för en ansökan om svenskt medlemskap i *Europeiska unionen*, EU (som då hette *Europeiska gemenskapen*, EG). Detta innebar en dramatisk vändning i socialdemokraternas inställning. Riksdagen beslöt senare samma år att lämna in en ansökan om medlemskap.

Nu är det 1994. Under året har den tidigare terroriststämplade fredspristagaren Nelson Mandela blivit Sydafrikas första svarta president efter att i 27 år ha suttit i fängelse. I en moské i Hebron på Västbanken har en israelisk bosättare i arméuniform skjutit ihjäl 54 palestinier. I vårt land har pappamånad införts i föräldraförsäkringen och rökning har förbjudits på skolgårdar och i offentliga lokaler. Vid riksdagsvalet får socialdemokraterna tillsammans med vänsterpartiet majoritet och den borgerliga regeringen ersätts av en s-regering med Ingvar Carlsson som statsminister.

Och nu ska det hållas folkomröstning: ska Sverige bli medlem i EU eller inte?

Inför folkomröstningen om EU är alla riksdagspartier utom Miljöpartiet och Vänsterpartiet för ja. Dock finns många socialdemokrater som vill rösta nej och de samlar sig i *Socialdemokrater mot EU*. Kampanjorganisationen *Nej till EU* startas av andra EU-kritiska.

Eftersom argumenten mot EU till stor del handlar om demokrati, fred, miljö och internationell solidaritet så det är naturligt att betrakta nej-rörelsen som en beståndsdel av alternativrörelsen.

I Halmstad bildas ***Nej till EU Halmstad*** som en politisk obunden organisation, även om många av de aktiva är miljöpartister eller vänsterpartister. Motståndet mot EU kanaliseras genom torgmöten, flygblad och debattartiklar i HP. En kväll hålls det fackelmöte på Rådhustrappan. I Café Österskans ordnas en debatt mellan ja-sidan, representerad av Jörgen Andersson (s) och nej-sidans Per Gahrton (MP). Nej till EU har i Halmstad liksom i resten av landet sämre ekonomiska resurser än ja-sidan, som har storföretagens, de ledande tidningarnas och de stora riksdagspartiernas stöd. HP:s ledare tar ställning för ett svenskt medlemskap i EU. Nej till EU i Halmstad får bidrag från Vänsterpartiet och Miljöpartiet.

I flygbladen och insändarna och andra debattartiklar framför vi våra argument. Beslut bör fattas så nära som möjligt dem som berörs. I EU kommer beslut att fattas i Bryssel snarare än i Stockholm. Den nationella självbestämmanderätten urholkas. Medlemskap minskar våra möjligheter att föra en politik för välfärd och social rättvisa. Dessutom har EU en odemokratisk uppbyggnad. Lagstiftningen blir problematisk; EU-domstolen kommer att avgöra politiska frågor vilket innebär en försvagning av demokratin. Offentlighetsprincipen urholkas. EU bygger murar mot omvärlden och förhindra solidaritet med fattiga länder. Vi kan inte bedriva en självständig utrikespolitik som bygger på alliansfrihet och neutralitet. Det finns risk att EU blir en militär supermakt. Dessutom gäller inte EU hela Europa utan bara Västeuropa. Man bygger en mur österut och en mur mot hela omvärlden. Vi talar om Fästningen Europa. De stora miljöproblemen måste lösas men målet för EU är inte god miljö utan ökad möjlighet för tillverkning av varor och ökande konsumtion. Ekonomisk tillväxt och fri rörlighet för kapital står högre på EU:s lista än miljöhänsyn. Marknadens tillväxt med ökad centralisering av produktionen leder till ökade transporter och därmed miljöförstörelse.

Dagen före omröstningen är kall och solig. Tillsammans med Nils Gezelius och Lasse Karlsson står jag på Stora torg och delar ut Nej-till-EU-material. Många barn vill ha rockmärken. Det är en god och glad stämning även om en man fräser Kommunister! åt oss. Där finns på torget också många ungdomar som delar ut flygblad för ja-sidan.

Söndagen den 13 november, dagen för folkomröstningen, är det är blåsigt och kallt. Jag har klätt mig varmt när jag går till Brunnsåkersskolan för att dela ut nej-valsedlar. Det är en van sysselsättning; vid de flesta allmänna valen sedan 1982 har jag stått vid denna vallokal och delat ut MP-valsedlar. Som vanligt är det en vänlig stämning med mycket småprat mellan politiska motståndare. Jag skaffar varma vantar åt en frusen moderatpojke som inte insatt att det kan vara kallt.

När jag på kvällen ser valvakan på tv blir jag förstås besviken. Slutresultatet blir ett klart ja, med 52,3 procent för medlemskap och 46,8 procent emot.

Jag är så van vid att vara i minoritet så jag blir inte förkrossad. Men reflekterar som så ofta förr över hur omöjligt det är för "alternativen" att segra.

Å andra sidan kommer jag liksom många av mina åsiktsfränder att om några år ompröva frågan och anse att vi bör vara med i EU. Våra åsikter har föga gemensamt med de högerpopulistiska partier runtom i Europa som 2017 agerar för att lämna EU.

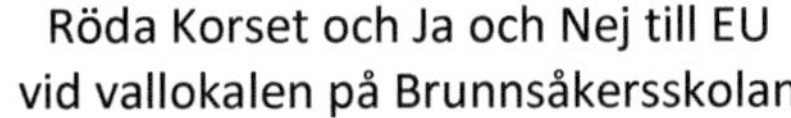

Röda Korset och Ja och Nej till EU
vid vallokalen på Brunnsåkersskolan

Tillsammans med krigsmakten på Stora torg för fred

I slutet av 1990-talet och i början av 2000-talet ordnar flera ideella organisationer i Halmstad varje höst gemensamma manifestationer under parollen ***Tillsammans för fred***. Det är när köpmännen har långlördag i slutet av oktober som vi har torgaktiviteter, med inriktning på fred, solidaritet och mänskliga rättigheter.

Vid de många sammanträden som vi har, innan torgaktiviteten kan komma till stånd, deltar representanter för FN-distriktet, FN-föreningen, Individuell Människohjälp, Kvinnor för Fred, Lutherhjälpen, Röda Korset, Rädda Barnen, Unga Örnar, CISV (*Children's International Summer Village)*, Amnesty och på 2000-talet även Nätverket för fred i Mellanöstern och Palestinagruppen. Några år är även Serbiska kulturföreningen med. Dessutom deltar representanter för Garnisonen och Halmstad City.

Det är mycket som ska fixas. Bestämma program, vidtala orkestrar, körer, dansare och andra. Ordna bord och tält, stolar för orkestrar. Elektricitet till högtalare, göra affischer, hitta på tipsfrågor. Tigga vinster till tipspromenaden.

Ett år ordnar vi auktion på föremål som vi tiggt av kända Halmstadsbor. Vi får bland annat en signerad CD av Roxette, en signerad T-tröja av Marie Fredriksson, träningsoverall av Ola Lindgren, signerad fotboll från HBK, Arsenaltröja från Fredrik Ljungberg och gamla stolar från landshövding Karin Starrin. Föremålen skyltas i Systembolagets fönster och säljs på auktion. Inkomsterna går till Världens barn.

Programmet på torget innehåller sång och dans av invandrargrupper, musik av Åderlåtarne, Hemvärnets orkester, Dragspelsklubben och Nissan jazzband, sång av Flottans kavaljerer. Samt ett fredstal. Det serveras rättvisemärkt kaffe. De första åren har vi även demonstrationståg med banderoller.

Alternativfestivalerna i mitten av 70-talet vände sig bland annat mot kommersialism och militarism. Det ironiska med

Tillsammans för freds aktiviteter är att de finansieras av Halmstad City, alltså av affärsmännen, och att praktiska arrangemang, som att ordna tält, sköts av Krigsmakten (Garnisonen). Detta upplevs inte särskilt kontroversiellt vid millennieskiftet.

Amnesty ökar och minskar

Antalet aktiva Amnestymedlemmar i Halmstad ökade kraftigt under 70-talet och det uppstod nya arbetsgrupper. Vid millennieskiftet hade vi inte mindre än fem grupper: Grupp 33 med Birgitta Borulf som gruppsekreterare, grupp 147 med Kerstin Olson och grupp 157 med Siv Erikson som gruppsekreterare. Vidare en ungdomsgrupp, grupp 169, där Kim Moberger var gruppsekreterare. Slutligen grupp 202 med Duncan Reid som gruppsekreterare.

I början skedde samarbetet mellan de olika arbetsgrupperna utan någon formell stadga. Så småningom tillkom en enkel stadga, där det i 1970-talets anda talades om stormöten, inte om styrelsemöten eller årsmöten. De enda funktionärer som valdes var en kassör och en protokollssekreterare samt revisorer.

Gemensamma aktiviteter har bland annat varit demonstrationer och utställningar på Stora torg liksom namninsamlingar i anslutning till olika kampanjer. Vid ett tillfälle hade vi besök av tre dödsdömda unga amerikanska män: Ray Krone, William Nieves och Nick Yarris. De hade suttit i dödscell, dömda för brott de aldrig begått. Nick Yarris hade suttit i fängelse halva sitt liv. De tre tillhörde det hundratal dödsdömda amerikaner som befunnits vara oskyldiga, sedan nya bevismetoder, såsom DNA, kommit fram. På Kattegattskolan och vid ett offentligt möte berättade de om hur orimligt dödsstraffet är.

Under 2000-talet har antalet aktiva Amnestymedlemmar minskat. Den ena Amnestygruppen efter den andra har fått läggas ned och slutligen har vi kvar bara en vanlig arbetsgrupp, grupp 33. Vi beslöt emellertid att betrakta vår second hand-affär Byring & Bråte som en Amnestygrupp; den fick överta gruppnumret 169 efter ungdomsgruppen, som tyvärr blev kortlivad.

Allt eftersom gruppaktiviteterna avtagit och Byring & Bråte vuxit har utställningarna och Amnestykampanjerna huvudsakligen blivit lokaliserade till vår loppmarknadslokal. När man 2008 högtidlighöll 60-årsjubileet av FN:s förklaring om de mänskliga rättigheterna bjöd vi Byring & Bråtes kunder på kaffe och tårta. Tårtorna hade skänkts av olika konditorier i Halmstad.

I de nya stadgar som vi antog 2000 utgör vår gemensamma organisation *Hallands distrikt av Amnesty International*. I styrelsen, som numera har såväl ordförande som vice ordförande, kassör, regionombud och flyktingansvarig, ingår också en representant för varje Amnestygrupp i distriktet.

De aktiva har åldrats. När vi startade 1969 var de flesta medlemmar i 30–40-års åldern. När vi nu kollade åldrarna på Byrings medarbetare fann vi att medelåldern var 71 år och att vi bara hade två medarbetare som var under 50 men inte mindre än fyra som var över 90 år.

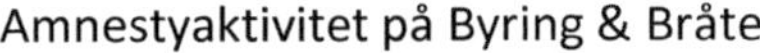

Amnestyaktivitet på Byring & Bråte

Byring blir stormarknad

Byring & Bråte, Amnestys second hand-butik, har vuxit undan för undan. Så småningom tog vi över nästan hela huset vid Gamla Söndrumsvägen. När fastigheten skulle rivas – eftersom järnvägen skulle flyttas och Järnvägsleden byggas – fick vi 1985 tag på en större lokal på Söder i hörnet Amiralsgatan/Fiskaregatan, även den rivningshotad. Åke Andersson och Benkt Högstedt satte igång med att snickra och måla och ordna annat som behövdes. Bygget skulle helst bekostas av andra medel än dem som vi fick in av försäljningen. Träskrot som vi fick av Berlings Glas omvandlades till stolpar och bjälkar i taket. Vi fick mängder av elektriska ledningar och stolpar till väggar från rivningen av OK:s mack vid Barnhemsgatan. I en container uppställd utanför ett renoveringshus på Öster hittades massor av användbar råspont. Det målades och fejades; många hjälpte till. Slutligen invigdes etablissemanget vid den stora sommarloppmarknaden 1985.

Till en början hade vi bara tillgång till den del av byggnaden som senare blev Textilavdelningen, men som i början hette Butiken. Dessutom hade vi en del av den oisolerade plåtbyggnaden som kallades Skjulet, senare benämnd Magasinet. I Skjulet sålde vi möbler och andra större föremål. För att få plats med allt staplade vi möbler ända upp till taket. På lördagarna var det ett drygt arbete att tidigt på morgonen plocka ned och bära ut på gården. Och sedan lika stort att bära in och stapla upp igen efter stängningen.

Verksamheten fortsatte att växa och vi kunde successivt ta över fler och fler lokaler. Vi fick tidigt en textilavdelning och en el-avdelning och så småningom även avdelningar för böcker, möbler och konst, glas och porslin. Dessutom Fyndet och Internetantikvariatet Bokskatten.

Med vår lastbil hämtar vi möbler och annat som folk vill lämna. Arbetet med dessa hämtningar finns beskrivet i Benkt Högstedts dikt *An den Schlaf,* som på melodi *An die Freude* av Beethoven vid festliga tillfällen framförs av *Byring Sängerknaben*.

Några utomstående tror kanske att man inte kan skratta och skoja när man som i Amnestyarbetet sysslar med tortyr och elände. Det är tvärtom så att man just i sådana sammanhang behöver skrattet.

Inkomsterna från vår loppmarknad har stigit från 64 000 kronor 1975 till maximum 2 200 000 kronor 2009. Sedan dess har försäljningen minskat, troligen framför allt på grund av konkurrens från nya loppmarknader. Våra utgifter – huvudsakligen för lokalhyra, annonser och lastbil – har i regel legat på 20–25 % av försäljningen. Under 70-talet användes en hel del av inkomsterna till att hjälpa hit flyktingar från Latinamerika. Numera sänds överskottet i stort sett oavkortat till Svenska sektionen av Amnesty.

Under många år fungerade Benkt Högstedt som en inofficiell verksamhetsledare på Byring. Han slutade dock på Byring & Bråte då han blev ordförande i kommunfullmäktige. Men verksamheten har vuxit så att Byring & Bråte blivit som ett företag med ungefär 80 jämställda medarbetare, som var och är specialist på sin egen avdelning, men utan butikschef. Vi fann att verksamheten blivit så omfattande så vi behövde en riktig styrelse med ordförande.

Det finns rätt mycket på Byring & Bråte som inte hör till någon speciell avdelning, men som någon ändå behöver ta ansvar för. Någon måste se till att nya medarbetare hamnar rätt och får erforderlig information, arbetskläder, namnskylt och så vidare, se till att nya medarbetare kommer in på adresslistan, se till att ändringar på adresslistan blir utförda och distribuerade till medarbetarna, handlägga eventuella problem mellan personer eller personalgrupper, försöka fördela personal mellan olika avdelningar när det är för få på någon avdelning. Någon ska göra dagordning för Byrings månadsmöten, informera medarbetarna om vad som händer på Byring & Bråte och i Amnesty, meddela försäljningssiffror per e-post till medarbetarna. Klara upp situationen om någon kund stjäl varor. Eftersom vi inte använder våra pengar till inköp av ny kontorsutrustning gäller det att någon måste se till att de begagnade och ibland skröpliga datorer, skrivare och kopiatorer vi använder fungerar och att det finns skrivartoner och papper. Någon måste kunna svara om vi blir uppringda av människor som vill lämna saker eller höra om öppettider och agera i anslutning till sådana samtal. Likaså kunna svara om man blir uppringd av media eller privatpersoner rörande Amnestyfrågor eller annat som rör flyktingar och mänskliga rättigheter. Kunna svara om man blir uppringd av asylsökande som tror att vi kan göra något åt deras situation. Hålla reda på och vid behov skaffa Amnestymaterial för Amnestybordet på Byring & Bråte. Någon måste känna ansvar för åtgärder vid översvämningar och andra lokalproblem och vid behov ta kontakt med kommunen angående lokalerna. Marknadsföringen måste skötas: ordna annonser och information till evenemangskalendern, se till att skyltar, affischer och dylikt blir framställda och distribuerade och hålla hemsidan aktuellt. Man ska se till att flygblad och affischer med öppettider blir skrivna varje termin, tala in nya uppgifter på telefonsvararen inför varje terminsstart, se till att alla medarbetare har erforderlig kunskap om förebyggande av brand och åtgärder vid brand. Inför den stora sommarloppmarknaden se till att allt fungerar före, under och efter loppis. Någon måste i samråd med kassören ta ställning till olika erbjudanden om marknadsföring. Man ska handlägga kontakter med Arbetsförmedling och andra aktörer som vill placera arbetssökande eller asylsökande på Byring & Bråte. Man ska sköta kontakter med skolor när det gäller elever som har olika projekt med anknytning till mänskliga rättigheter.

Det är alltså ganska mycket som det skulle behövas en ordförande till. Nils Gezelius och jag fick 1997 i uppdrag att försöka hitta en ordförande. Vi hittade ingen som ville ta på sig uppdraget. Så jag fick ta det själv. Det visade sig bli ansträngande. Liksom vid flera tidigare tillfällen upptäckte jag nu att många arbetsuppgifter, som var för sig är så små så de nästan är försumbara, tillsammans kan bli mycket tunga.

Efter ett tag insåg jag att ordföranden inte behöver sköta alla uppgifter som faller mellan stolarna. Vi gjorde en uppdragslista där ett antal medarbetare tog ansvar för en del av uppgifterna. Inte desto mindre kändes uppdraget som ordförande efter några år ganska betungande – jag är ju samtidigt vanlig loppmarknadsarbetare, på senare år placerad i den avdelning som kallas Magasinet – och jag försökte bli av med uppgiften. Ingen av de övriga medarbetarna ville dock ta över. Så småningom tog Jan Nygren i Laholmsgruppen över själva ordföranderollen för Amnestydistriktet och jag blev vice ordförande med ansvar bara för Byringfrågor. Och 2015 kunde vi dela upp Byringansvaret på fyra personer: Lars Anders Olsson, Ulla-Britt Ahlm, Lennart Andreasson och jag, som fungerar som samordnare tre månader var. Skönt. När man är över 80 år.

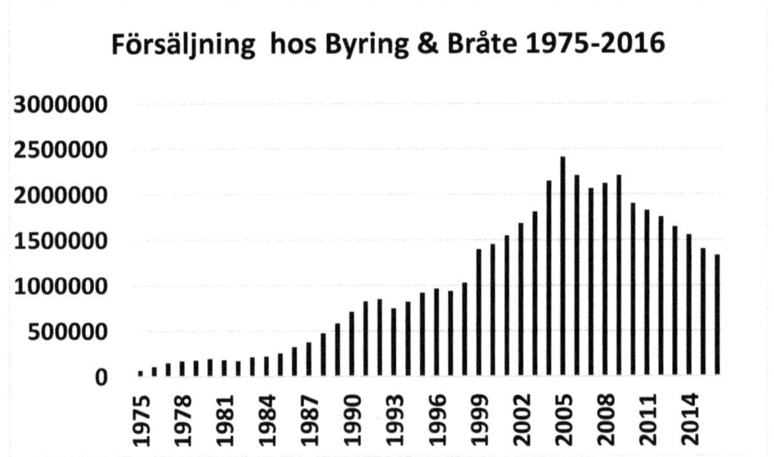

Inte bara Byring

Amnesty är numera inte den enda ideella organisation i Halmstad, som bedriver second hand-butik. Det har undan för undan tillkommit flera: Emmaus second hand, Frälsningsarméns Myrorna, Röda Korsets Kupan, Erikshjälpen och Halmia. Till skillnad från Byring & Bråte har man vid dessa affärer en del avlönad personal.

Röda Korset, som har funnits i Sverige ända sedan 1865 och i Halmstad sedan 1905, skaffar medel till sitt välkända och omfattande hjälparbete i såväl Sverige som runt om i världen bland annat genom sina second hand-affärer som kallas **Kupan**. I deras lokaler bedrivs inte bara loppmarknadsverksamhet; Kupan är även en mötesplats där man har en mängd andra aktiviteter.

I Halmstad har Kupan, belägen vid Bryngelshusgatan 9, funnits sedan mitten av 90-talet. Driften och ägandet gick över från Svenska Röda Korset centralt till Röda Korsets Halmstadkrets 2004.

Frälsningsarmén, en internationell kristen rörelse för evangelisation och socialt arbete, grundades 1865 och finns sedan 1882 i Sverige. Medel till sin sociala verksamhet får man bland annat genom second hand-affären **Myrorna**. Bland verksamheter som bekostats med hjälp av medel från Myrorna finns bland annat härbärgen, stödboende för ungdom, sommarbarnsverksamhet, verkstäder för skyddat arbete och arbete för handikappade och invandrare.

I Halmstad ligger Myrornas butik centralt vid Karl XI:s väg.

Emmaus är en världsomspännande solidaritetsrörelse, som grundades i Frankrike 1949 av prästen Abbé Pierre. Ett internationellt samordningsorgan, *Emmaus International,* bildades 1971. Det finns i vårt land fem lokala föreningar som är formella medlemmar i Emmaus International men dessutom flera som kallar sig Emmaus utan att vara medlemmar i den internationella organisationen. De kan däremot ingå i nätverket *Riksföreningen Emmaus Sverige*.

Alla Emmaus-grupper i världen arbetar med och för de mest utsatta och fattiga i samhället. Man tar sig även an orsakerna till fattigdom och diskriminering.

Emmaus Björkå bildades 1965 av några personer som tidigare varit aktiva i Lunds Emmausgrupp. De menade att det var lika viktigt att vara ett alternativ till samhället som att skicka kläder till fattiga länder. Under det revolutionära 70-talet blev det befrielserörelser som kämpade för sitt lands självständighet som fick hjälp och man tillämpade praktisk socialism i form av storkollektiv. I mitten av 1970-talet inriktade man sig speciellt på ZANU och befrielsekampen i Zimbabwe. På 1980-talet blev effektivitet i insamlingsarbetet ledstjärna och synen på föreningen som ett alternativ till samhället försvann. Nu försöker man ha ett så brett samarbete som möjligt med andra organisationer.

I Halmstad, som hade ett av organisationens äldsta inlämningsställen, utvecklades samarbete med ISAK och en sorteringsenhet startade här 1990–91. ***Emmaus Björkå Halmstad*** blev 1992–93 en Emmaus Björkå-enhet. Den är belägen vid Flygaregatan och har undan för undan utvecklats till en stor second hand-affär.

Erikshjälpen är en biståndsorganisation på kristen värdegrund, som grundades 1946. Barnen är centrum för organisationens engagemang och man bygger sina insatser på FN:s Barnkonvention, FN:s deklaration om mänskliga rättigheter och den kristna livssynen med dess poängtering av alla individers lika och unika värde.

Insatser som görs bygger på att tillgodose barnens behov och rättigheter. Därför stöds familjen, så att den kan ta ansvar för barnens utveckling. Organisationens stöd förmedlas via lokala kyrkor och organisationer som engagerar sig för de mest utsatta. Erikshjälpen bedriver också fadderverksamhet. Finansieringen utgörs dels av gåvor från privatpersoner, dels av överskott från ett 60-tal second hand-butiker runt om i landet.

I Halmstad startade Erikshjälpen 2013 verksamhet i en butik på Ryttarevägen. Lokala samarbetspartners är Pingstkyrkan och Kornhillskyrkan. Verksamheten bedrivs med hjälp av en anställd butikschef, två arbetsledare, ett antal medarbetare med lönebidrag eller liknande samt ett fyrtiotal volontärer. Eftersom man liksom andra second hand-affärer får in mera gåvor än man kan sälja, sänder man i samarbete med *Human bridge* en del till en samarbetsorganisation i Estland.

Av Erikshjälpens överskott i Halmstad används hälften av riksorganisationen för dess olika projekt medan en fjärdedel går till vardera Pingstkyrkan och Kornhillskyrkan för projekt som står i samklang med Erikshjälpens målsättning.

Emmaus i Halmstad har sin butik vid Flygaregatan

Bildelning bra för miljön

Förbränning av fossila bränslen åstadkommer utsläpp av koldioxid som ger upphov till en global uppvärmning och framtida klimatkatastrofer. Bilåkandet utgör en viktig källa till utsläpp av växthusgaser. Dessutom innebär själva tillverkningen av bilar att knappa naturresurser förbrukas. Eftersom de flesta personbilar står stilla större delen av sin livstid vore det bättre om flera människor kunde dela på varje bil. Då behöver man inte tillverka så många bilar.

Så kallade bilpooler kan bidra till att minska utsläppen. En bilpool är en sammanslutning av människor som vill dela på kostnaderna och problemen med att äga en egen bil. Poolen köper in bilar och ser till att dessa sköts och medlemmarna utnyttjar dem till självkostnadspris.

Det positiva för miljön är att bilpoolerna använder miljövänliga bensinsnåla bilar och att det totalt sett blir mindre bilkörning eftersom medlemmarna inrättar sina transporter med hänsyn till den högre rörliga kostnaden. Eftersom de fasta kostnader är mycket låga för bilen får medlemmarna råd att ta tåg eller buss, när det är bättre alternativ än bilen.

I Halmstad bildade vi en bilpool vid millennieskiftet. Initiativtagare var Mats Paulsson. Det föreningsgrundande mötet hölls på Café Österskans den 1 mars 2000. Ett tiotal personer anmälde sig som medlemmar och beslöt bilda ***Halmstads bilpool ekonomisk förening***. Vi antog stadgar och regler för biluthyrningen. En interimsstyrelse som valts vid ett möte någon månad tidigare föreslog att föreningen skulle inköpa en bensinsnål, krocksäker småbil med dragkrok, radio, ABS-bromsar och krockkudde åtminstone på förarplats. En lämplig bil vore Toyota Jaris som dock hade lång leveranstid. Andra alternativ var Renault Clio och Ford Fiesta. Vi uppdrog åt Mats Paulsson att välja bilfabrikat och ordna inköpet av bil.

Enligt reglerna som antogs skulle följande avgifter gälla: Kontantinsats 3 000:-, månadsavgift 100:- per hushåll, bokningsavgift 10:-, timkostnad 7:- (eller 100:- per dygn), milpris 17:-(inkl. bensin).

I bilpoolen har samtliga medlemmar någon arbetsuppgift: att ingå i styrelsen, sköta bilarna, läsa körjournaler, stå för marknadsföring och göra de ekonomiska sammanställningar som visar vad var och en ska betala varje månad.

Bilpoolens första bil blev en Toyota Yaris. Av poolens första årsredovisning framgår att bilen var något underutnyttjad; den kördes bara i genomsnitt 165 mil per medlem under året. Medlemsantalet ökade så småningom och efter två år kunde vi köpa en andra bil. Valet föll då på en Skoda Favia. Den ena bilen är placerad i garaget vid Radioplan, den andra i HSB:s garage vid Snöstorpsvägen. Bilpoolen hade 2016 vuxit ytterligare så man kunde inköpa en tredje bil, en Renault Captur.

De flesta av bilpoolen medlemmar är tämligen ointresserade av bilar. Och ibland dessutom okunniga om bilmotorer.

– Det är något fel på den nya bilen, rapporterade en medlem efter att ha nyttjat den för första gången. Motorn stannar när jag stannar vid rött ljus.

Bilen kördes till försäljarens verkstad för åtgärd.

– Motorn ska stanna när man stannar, till exempel vid rött ljus, förklarade verkmästaren. Det är en finess som är bra för miljön.

Så bra.

Cykel ännu bättre för miljön

Om man tar cykeln istället för bilen minskar man utsläppen av växthusgaser. Dessutom blir det minskat trafikbuller, mindre trångt på gatorna och man får en mer fridfull gatumiljö.

Cykelfrämjandet är en organisation som vill göra Sverige till en nation av cyklister. Inom organisationen finns 28 lokala kretsar, som arbetar för att göra den egna kommunen mer cykelvänlig. Cykelfrämjandet utgör en av ett tjugotal ideella organisationer som ingår i moderorganisationen *Svenskt Friluftsliv*.

I Halmstad har en lokalgrupp funnits sedan 1983, då en interimsstyrelse för ortskretsen Halmstad/Laholm valdes. Enligt handlingsprogrammet som antogs senare samma år skulle man verka för trafiksäkerhetsfrämjande åtgärder, bland annat utbyggnad av cykelbanor, sprida kännedom om och ordna utflykter på Cykelspåret och Ginstleden. I maj 1984 ordnades ett cykelevenemang med bland annat Gun Hägglund, en känd Tv-personlighet och tillika mångårig ordförande för Cykelfrämjandet.

I början av 1990-talet låg verksamheten nere men 1995 gjordes en omstart. Till ordförande valdes Lars Green, en post som han ännu (2017) innehar. Bland annat tillsattes en grupp att granska cykelvägnätet i Halmstad. Sedan dess har föreningens styrelse regelbundet träffat representanter för kommunens tekniska kontor för att utbyta synpunkter på underhåll och utbyggnad av cykelvägnätet. Man har i samarbete med kommunen tagit fram totalt åtta kartor med turförslag, som säljs på Turistbyrån. I samarbete med NTF har kampanjer genomförts för cykellyse och hjälmanvändning.

En viktig del av arbetet är att ordna trevliga cykelutflykter för medlemmar och andra intresserade. Sedan 1997 har Cykelfrämjandet i Halmstad sommartid, varje tisdagskväll maj till augusti, arrangerat guidade cykelturer till olika mål och med kunniga ledare. I snitt har det varit omkring 20 deltagare, några gånger upp mot 50. Man cyklar en eller ett par mil, med fikapaus. Exempel på utfärdsmål de senaste åren är Haverdals naturreservat, HEM:s solcellsfält i Skedala, Kulturhistorisk rundtur i Nissadalen, Medeltidsbyn Primus Vicus, Möllegårds kvarn, Plusenergihus i Harplinge, Prins Bertils stig och Svärjarehålan, Påarps gravfält med Slyngestenen, Reningsverket Västra stranden, Slottsmöllan och Tistings trädgård i Eldsberga.

Varje år ordnas en eller två längre utflykter, bland annat en helgutflykt som arrangeras växelvis av Halmstadskretsen och dess grannkretsar i Helsingborg respektive Varberg. 2016 gick turen med tåg till Kungsbacka och därifrån cykling söderut på Kattegattleden.

Ett återkommande inslag är en samling på hösten med återblickar på sommarens utflykter och en del muntrationer. Vid årsmötet i mars brukar en inbjuden föreläsare berätta om något aktuellt ämne.

Från en tisdagscykling

Attac i Göteborg

Attac Sverige bildades 2001 som en del av den internationella Attacrörelsen. Ordet Attac kommer från den franska *benämningen L'Association pour la taxation des transactions financières et pour l'action citoyenne*, alltså Föreningen för beskattning av kapitaltransaktioner för medborgarnas bästa. Rörelsen utgör ett internationellt globaliseringskritiskt nätverk som bland annat förespråkar införandet av en internationell skatt på valutatransaktioner, *Tobinskatten*. Man vill även avskaffa skatteparadisen, motverka spekulation med pensionspengar, avskriva de fattigaste ländernas skulder, verka för handelsregler som gynnar en hållbar och rättvis utveckling samt hejda och utreda privatiseringar.

Någon lokal Attac-grupp finns inte i Halmstad, däremot flera individer som agerar för Attacs idéer.

Attac blir i Sverige känt framförallt i samband med manifestationerna vid EU-toppmötet i Göteborg juni 2001. USA:s president, George W Bush, ska närvara. Inom såväl flera politiska partier som mängder av organisationer finns vid denna tid en stark kritik av såväl EU som Bush. Inför mötet har hundratals människor från olika organisationer arbetat i månader för att åstadkomma en stor fredlig manifestation och nå ut med budskapet: *En annan värld är möjlig*.

Jordens vänner har tagit initiativ till bildandet av *Göteborgsaktionen 2001* för ett annorlunda Europa. Ett åttiotal nordiska organisationer har slutit upp bakom de gemensamma kraven:

Nej till att göra offentlig sektor och miljö till handelsvara, nej till EU:s militarisering, nej till EU:s flyktingpolitik och nej till euron.

Nätverket Göteborg 2001 som består av ett tjugotal organisationer, som är motståndare till svenskt medlemskap i EU och EMU, ställer upp med parollerna:

Sverige ut ur EU, nej till EMU, nej till Schengensamarbetet och nej till militariseringen i EU.

Det genomförs under fyra dagar ett mycket omfattande program med seminarier, föredrag, konserter osv. Dessutom tre stora fredliga demonstrationståg.

På torsdagen deltar mellan 12 000 och 15 000 deltagare i en demonstration mot George W Bush. Vi går från Stora teatern till Götaplatsen. På fredag marscherar mellan 16 000 och 20 000 personer i en Nej till EU-demonstration som går från Järntorget till Götaplatsen. På den regniga lördagen är det mellan 10 000 och 15 000 som deltar i ett demonstrationståg mot globaliseringens och EU:s avigsidor, en marsch som plötsligt inte får tillstånd att gå planerad rutt till Götaplatsen utan istället får gå till Slottsskogen.

Vi är några Halmstadsbor som deltar i Göteborg. Vi ser inga våldsamheter, vare sig från demonstranternas eller polisens sida. Men på tv och i tidningarna visas nästan bara demonstranters besinningslösa våld. För första gången sedan 1931 skjuter svensk polis ned demonstranter. Till allmänheten förmedlas alltså huvudsakligen bilder från en stunds mycket våldsamma aktiviteter på fredagen, de så kallade *Göteborgskravallerna*. De som inte deltagit utan bara sett medias rapporter tror att demonstranters våld dominerat. För en hel del demonstranter är det tvärtom brutalt polisvåld mot fredliga människor det dominerande minnet. Många ungdomar blir arresterade och flera blir senare dömda till fängelse.

Mediabilden av demonstranters våld mot polis har senare korrigerats genom ett par hundra vittnesberättelser.

Ett par månader efter demonstrationerna i Göteborg får arbetet för global rättvisa stark motvind. Efter terrorattackerna i USA den 11 september 2001 pratas det inte längre om global rättvisa utan om terrorism och farliga muslimer. De som argumenterar för att en annan värld är möjlig anklagas för att vara emot demokrati och frihet. President George W Bush säger att alla som inte är för hans krig är mot honom. Hans kamp mot terrorismen kommer att leda till att tusentals oskyldiga människor dödas och att USA överger centrala rättsprinciper. Man kommer i decennier hålla människor fängslade på Guantanamobasen utan rättegång.

När Agneta och jag på söndag, när manifestationerna är slut, går till Centralstationen i Göteborg för att åka hem ser vi bredvid oss en ung flicka som tydligen också deltagit i manifestationer och som också ska åka hem. Hon verkar inte glad. Jag ångrar efteråt djupt att vi inte kramade om henne och sade något uppmuntrande till henne. Hon var sannolikt en av de många entusiastiska ungdomar som fick sin idealism krossad av polisvåldet dessa junidagar i Göteborg.

Jag vet inget mer om flickan. Men det är om henne följande fiktiva berättelse handlar – en sammanfattning av det polisövergrepp som drabbade många unga demonstranter. Allt som händer i berättelsen hände i verkligheten – det är bara flickan som är påhittad.

Från den regniga lördagen i Göteborg

En flicka med stora, oskuldsfulla ögon

Detta är en fiktiv historia om Göteborgskravallerna juni 2001.

Flickan som på Centralstationen i Göteborg stiger av tåget från Karlstad bär en T-shirt på vilken det står "Peace and love". Hon heter Sara och fyller snart 18 år. Hennes ögon är stora, blå, vakna och intresserade. Och oskuldsfulla. Hennes ansikte får närmast betecknas som vänt. Kanske också på något sätt oskyldigt. Men ändå målmedvetet och aktivt. Med inslag av förväntan. Hennes ljusa hår hänger fritt ned på axlarna.

Saras mamma har försökt hindra henne från att resa.

– Det kan bli farligt, Sara lilla. Jag har sett på tv hur våldsamt det varit vid demonstrationer i andra länder.

Sara har lugnat mamman med att det är skillnad på Sverige och de länder där det varit kravaller och att vårt land har en mycket lång tradition av demonstrationer där polisen skyddar demonstranterna mot motdemonstranter.

– Mamma, vi har fredliga demonstranter och fredliga poliser. Och dessutom har nätverket som ordnar demonstrationerna haft massor av möten med polisen. Det blir helt lugnt. Och farbror Karlsson som bor borta vid stationen, han är världens mysigaste polis och han ska vara polis i Göteborg de här dagarna.

Så småningom har mamman gett med sig.

Sara har kommit till Göteborg för att lyssna på seminarier och debatter om de globala problemen. Och hon ska demonstrera mot president Bush, som besöker Göteborg, demonstrera mot EU och mot globaliseringens avigsidor.

Detta är den första stora demonstration Lina deltar i. Hemma i Sunne har det mest varit små torgmöten mot tortyr och dödsstraff som Amnesty ordnat. Hon är medlem i både Amnesty och Kristna gymnasistföreningen i Karlstad. Hennes engagemang, hennes uppfattning, att man måste känna ansvar inte bara för sig själv och sina närmaste utan även för dem som har det svårt långt borta grundlades i söndagsskolan och hos scouterna i Sunne.

Det känns viktigt att gå med i demonstrationerna i Göteborg. Hon känner ingen annan från Sunne, och ingen från Karlstad heller, som ska delta. Ofta har hon känt sig ensam med sina frågor och funderingar och sin oro för hur det ska gå med världen. Hon hoppas att i Göteborg få känna gemenskap med andra som har samma idéer. Att få styrka att fortsätta arbeta där hemma.

Sara har fått reda på att man kan bo i en skola i Göteborg. Hon har skrivit upp skolans namn på en lapp och tittar på den när hon på Mittpunkten i Göteborg frågar hur hon ska ta sig till Hvitfeldtska gymnasiet.

Sedan hon fått en plats i skolan att lägga sitt liggunderlag på skyndar hon tillsammans med andra ungdomar iväg till Fritt forums tält på Pustervikskajen. Hon har fått veta att området ligger nära Järntorget fast på andra sidan om Vallgraven. Där ska hon på en storskärm följa en debatt mellan företrädare för regeringen och det EU-kritiska nätverket.

På kvällen i skolan blir Sara bekant med många engagerade ungdomar. Någon spelar gitarr. Man sjunger. We shall overcome. Man målar plakat. Man diskuterar. Sara argumenterar entusiastiskt för ickevåld mot en anarkist som hävdar att polisen är en fiende som ska bekämpas.

Under natten sover Sara gott på golvet i en skolsal.

Nu är det torsdag. Sara gör sig redo att gå och lyssna på ett möte i ett av tälten på festivalområdet. Mötet handlar om dödsstraffet. Amnesty står som arrangör och justitieminister Bodström ska medverka. När Sara ska ge sig av hör hon en flicka, som stått och tittat ut genom fönstret, ropa:

– Det kommer fullt med poliser här och dom kör hit en masa containrar.

Sara tittar ut. Hon ser en ström av lastbilar. De lossar containrar. De ställer containrarna som en mur kring skolan.

– Vad är det som pågår.

– Det verkar som om dom ämnar stänga inne oss. Är dom inte riktigt kloka, säger flickan vid fönstret.

Det visar sig att hon har rätt. De är instängda. Containrar omsluter hela skolområdet.

Sara känner en klump i halsen. Instängd av polis.

I Sverige!

Det måste vara något misstag, tänker hon. Kanske någon med dolda kameran eller något sådant. Eller drömmer hon? Sådant här förekommer inte i verkligheten i vårt land.

Men det visar sig vara verkligt. De är instängda. Flera hundra ungdomar.

Hon börjar få svårt att andas. Har aldrig varit med om något så hemskt tidigare. Poliser med kravallutrustning. Polishästar. Hundar.

Sara önskar att hon hade en mobiltelefon så hon kunde ringa till mamma.

Plötsligt börjar alla polishundar skälla samtidigt. Vad är det som händer? Sedan börjar poliserna lika plötsligt slå på sina sköldar med batongerna. Taktfast.

– Det kan inte vara farbror Karlsson som är polis här, tänker Sara.

Hon ser att några kamrater försöker klättra upp på containrarna och hoppa över muren. De grips av polisen. Så småningom får hon veta att polisen misstänker att några personer i skolan förbereder våldsbrott. Det är därför man stängt in dem.

Sara uppfattar ett rykte att de som vill kan få komma ut om de låter sig kroppsvisiteras. Sara vet inte vad som är sant bland alla rykten.

Hon kommer inte iväg till de möten hon hade tänkt delta i. Först fram på eftermiddagen får hon klart för sig att hon kan få komma ut. Och bli kroppsvisiterad. Hon följer med en grupp som går ut. Det känns obehagligt att bli tafsad på av poliserna.

Sara är ledsen och upprörd.

Hon hinner vara med en stund bland tälten hos Forum 2001 på Pustervikskajen. Fullt med Falu Gong-aktivister dominerar kajen och Vallgraven. Sara vet inte säkert vad Falu Gong vill. Hon lyssnar på ett seminarium om klimatet och dricker rättvisemärkt kaffe innan hon går till Vasa parken bakom Stora teatern där många redan samlats för demonstration mot Bush. Sara ansluter sig till en grupp som spelar samba. Hon bär ett plakat där det står Nej till kriget.

Sara tycker det känns fint att vara del i en så stor gemenskap. Så många som strävar mot samma mål. Demonstrationståget är jättelångt. Det är båda unga och gamla i tåget. Framför Sara går ett gammalt par. Mannen har en skylt där det står Farfar för fred. På kvinnans skylt står det Mormor mot militarisering. Det dyker upp både roliga plakat och allvarliga plakat. Någon har en Bush-mask över ansiktet.

En pojke bredvid Sara berättar att det varit bråk i Vasaparken under eftermiddagen. Poliser och hästar och hundar har slagits mot demonstranter.

Demonstrationståget går dock utan något bråk, vare sig med poliser eller med motdemonstranter, till Götaplatsen. Sara lyssnar på några tal om Bush och hans krigsplaner Över dem brummar helikoptrar som skyddar president Bush.

Sara får veta att Hvitfeldtska gymnasiet nu ockuperats av polisen och alla som var kvar där har förts till polishäkte. Ingen får bo där längre.

Var ska hon nu övernatta?

Hon strövar omkring i junikvällen. Får kontakt med några andra ungdomar som också blivit utan tak över huvudet. De resonerar om vad de ska ta sig till.

Sent på kvällen träffar de på en person som vet något.

– Det finns en annan skola som man får sova i, berättar han. Det heter Schillerska gymnasiet.

Sara går först till Hvitfeldska för att hämta sitt liggunderlag. Men där får hon inte komma in. Utan liggunderlaget letar hon sig till den nya skolan.

I skolan diskuterar man hetsigt polisens ockupation av Hvitfeldtska. Ingen förstår hur polisen kan bära sig åt på det sättet. I Sverige. Ingen har sett att någon på skolan har förberett något våldsdåd.

Sara är på kvällen både arg och sorgsen.

Hon lyckas somna på golvet utan liggunderlag.

Fredag förmiddag går Sara till ett protestmöte som Göteborgsaktionen ordnat på Götaplatsen. Många är upprörda över polisens agerande mot demonstranterna. Sara ser att en grupp efter mötet går ned mot avspärrningarna vid Södra vägen. En del av dem är maskerade. Hon ser att hela gruppen blir ivägmotad av poliser. Hundar skäller. Batonger smäller.

Sara undviker at gå dit. Hon har lovat mamma att undvika allt som kan leda till bråk. Istället går hon till Fritt forum för att höra på föredrag om Icke-våld och lyssna på en konsert. På vägen dit träffar hon på några skadade kamrater. De har blivit slagna med batonger och bitna av polishundar. Någon ringer efter ambulans.

Hon går Avenyn ned mot bron vid Kungsportsplatsen för att komma över till den sida av Vallgraven där Fritt forum håller till. Finner att poliser med kravallstaket hindrar folk från att komma över bron. Hon går då istället förbi Stora Teatern bort till bron vid Kungsparken och kommer där över till den andra sidan av Vallgraven. När hon närmar sig Fritt Forum-området ser hon att en grupp ungdomar har blivit innestängda mellan Vallgraven och en stor poliskedja. Hon ser att också på andra sidan av Vallgraven står det många poliser. De hindrar tydligen ungdomar på parksidan från att komma över till Fritt forumsidan. Varför? Så rusar plötsligt en massa poliser runt på parksidan och omringar dem som befinner sig där. Sara förstår inte vad som menas.

Hon går bort till Fritt Forum där det inte tycks finnas några poliser. När hon kommer till ingången rusar emellertid en polis fram och skriker

– Backa!

Sara får en smäll av en batong i bröstet. Hon förstår fortfarande inte vad som menas.

– Vart vill dom att vi ska backa. Ska vi backa tillbaka till poliserna bakom oss?

Hon backar. Drivs av poliserna tillsammans med några andra ungdomar till Viktoriabron. Där har det stått poliser och hindrat folk från att komma över. Nu släpper de plötslig igenom ungdomarna ut på bron. Den är fylld från båda hållen.

Sedan hindrar poliserna alla från att lämna bron.

Sara är instängd på bron. Det verkar vara mer än hundra personer som står där, hoppackade som sillar.

– Sitt ner, skriker en polis.

Sara sätter sig ned med svårighet. Hon är kissnödig och det gör ont i bröstet efter batongslaget.

En vuxen man bland de instängda frågar poliserna

– Varför är vi inträngda här?

– Paragraf 13, svarar en polis.

Någon annan information lämnas inte.

Efter en stund kommer det polisbussar. Sara och alla de andra körs till en polisstation i Kviberg. Äntligen får hon gå på toaletten. Sedan stängs hon in tillsammans med ett tjugotal andra flickor i en gallerförsedd stålbur.

Sara fryser.

En flicka frågar en kvinnlig polis varför de blivit fängslade.

– Vi skulle egentligen vilja spärra in alla sådana som du, så skulle vi ha det lugnt, fräser poliskvinnan.

Det känns trångt i bröstet. Vad är det som händer? Är detta verkligt?

Efter tre timmar kommer några socialarbetare och säger att de som är under 18 år kan släppas. Alla andra måste stanna kvar.

– Tur att jag inte fyllt 18 än, tänker Sara. Men det är synd om de andra.

Hon blir utsläppt.

Men vad ska hon nu göra? Var befinner hon sig? Vart ska hon ta vägen? Hur hittar man till Schillerska skolan?

Några tjejer som är från Göteborg hjälper henne att hitta till skolan. Där berättar kamrater att det varit våldsamheter på Avenyn. Slagsmål mellan demonstranter och poliser. Några har slagit sönder fönster i affärerna.

Sara är arg och beklämd. Eller snarare förtvivlad. Hon ligger på golvet i Schillerska skolan och gråter.

Efter en stund tar hon sig till Järntorget. Torget och gatorna runt omkring fylls. Det är Nej till EU-demonstrationen som startar. Sara får tag på ett plakat där det står Nej till fästning Europa Ja till världen. Hon känner att det man gör tillsammans betyder något. Hon känner lite grand glädje. Trots det som hänt under dagen.

Demonstrationståget går utan problem till Götaplatsen. Någon som försökt räkna påstår att det är närmare tjugotusen deltagare. Sara känner igen ett par av talarna vid mötet på Götaplatsen - Per Gahrton och Gudrun Schyman. De säger viktiga saker. Hon håller med om allt de säger.

Efter mötet går Sara liksom många av de andra deltagarna till en gatufest som Reclaim the City dragit igång vid Vasaplatsen. Det spelas och dansas. Men snart blir det oroligt. Det verkar vara några högerextremister som provocerar bråk. Det kommer poliser från alla håll. Det ser ut som om de ämnar omringa festen. Sara ser att ringen snart kommer att slutas kring dem.

Hon skyndar sig därifrån. Har lovat mamma att undvika bråk. Hon är trött. När hon går till Schillerska för att sova hör hon något som låter som pistolskott. Dom skjuter väl inte? Men snart är jag inte förvånad över något, tänker hon bittert.

I skolsalen på Schillerska lägger hon sig och försöker sova. Grubblar över det som händer runt henne. Känner något tungt i bröstet. Förutom att det gör ont efter batongslaget.

Somnar så småningom.

Har mardrömmar om jordens undergång.

På lördag förmiddag går Sara till Linnéplatsen där det är samling för demonstrationen För ett annat Europa. Det regnar. Hon har inga regnkläder. Blir genomblöt. Hon ställer sig bland fredsbanderoller. På plakatet närmast henne står det Nej till militarisering av EU.

Demonstrationståget kommer inte igång på planerad tid. Det ryktas om att polisen förbjudit marschen. Efter en lång väntan kommer man dock iväg. Ett par blåsorkestrar spelar och Sara känner igen några av melodierna – Venceremos och Fastän vi äro kvinnor.

På polisens order går marschen annan rutt än planerad. Man går nedför Linnégatan, uppför Övre Husargatan och kommer slutligen till Slottsskogen. Där hålls det tal. Regnet fortsätter.

Sara fryser.

Dyblöt vandrar hon efteråt till Fritt forum-tälten. Hon köper en falafel av en irakier och äter den i föredragstältet där hon lyssnar på Johan Ehrenberg som talar för ett solidariskt socialistiskt federalt Europa.

På Schillerska gymnasiet försöker hon torka sina kläder. Vid halvtiotiden lägger hon sig för att sova. Hon somnar snabbt. Drömmer om elaka poliser som slår henne i bröstet. Drömmer att en polis skriker

– Ligg ned med ansiktet mot golvet och händerna på nacken!

Hon vaknar. Öppnar ögonen. Ser en svartklädd person med svart hjälm och med ett automatvapen riktat mot ungdomarna som ligger på golvet. Han ropar:

– Ligg ned med ansiktet mot golvet och händerna på nacken!

Är det ett misslyckat skämt?

– Skoja inte så där, säger någon. Man blir ju jätterädd.

– Prata inte! Gör som vi säger! skriker den svartklädde.

Hundar skäller.

Sara och de andra ungdomarna vågar inte annat än att lyda uppmaningen.

Men detta är väl ändå ett skämt?

– Ut på gården, en i taget, beordrar den svartklädde efter en stund.

Alla går ut. Från andra skolsalar kommer flera som Sara känner. Och många svartklädda med vapen.

– Ligg ned med ansiktet mot marken, beordrar de svartklädda ute på skolgården.

Hundar skäller Sara lägger sig ned. Hon förstår att det inte handlar om ett misslyckat skämt. Den skrovliga asfalten är kall och blöt. Hon fryser. Det kliar. Hon försöker klia sig på ryggen.

– Ligg stilla har vi sagt. Rösten är elak.

Sara hör att någon vädjar:

– Jag måste kissa.

– Håll käften!

Sara skakar av köld. Eller av skräck. Kan något sådant här hända i Sverige?

Hon vill hem till mamma.

Hon ser kängor vandra fram och tillbaka framför sitt ansikte. Efter ett par timmar hör hon en av poliserna säja:

– Nu kan ni ge er av.

Sara huttrar och darrar och försöker komma in till sin sovsal.

– Här kommer ingen in, säger polisen.

Sara vet inte vart hon ska ta vägen. Det vet inte de andra heller. De strövar omkring i ett nattligt Göteborg och söker efter någon varm lokal.

På Vasagatan ser hon att alla fönster på Akademibokhandeln och Bogöhallen bredvid är utslagna.

Det hittar ett nattöppet kafé där de kan sitta ett par timmar. Sedan går de omkring och fryser.

Det blir söndag morgon. Sara går tillsammans med en kamrat till Fritt forum. Där finns nu inga poliser. Det städas upp på området. Allt känns lite avslaget.

Hon lyssnar i ett tält på ett seminarium som Kristna fredsrörelsen ordnat. Någon har köpt Göteborgs-Posten och Dagens Nyheter.

– De måste väl skriva något om det vi demonstrerat för?

– Jävla liberala press, kvider en flicka, när hon ser vad tidningarna skrivit. Det folk runtom i Sverige och världen får veta om våra manifestationer är att det var våldsamma demonstranter. Inget om de stora fredliga demonstrationerna. Inget om alla seminarier och diskussioner. Inget om alla föredrag.

Inne på en toalett ser Sara sig i en spegel. Hon känner inte riktigt igen sig. Är det bara fem dagar sedan hon lämnade mamma i Sunne? Borde jag ha stannat hemma? Har allt varit till ingen nytta? Tankarna mal i hennes huvud.

Sara frågar hur man hittar till järnvägsstationen. Hon får hjälp att hitta av ett äldre par som också ska till tåget.

Flickan som en junisöndagseftermiddag på Centralstationen i Göteborg stiger på tåget mot Karlstad har inget liggunderlag med sig. På hennes blöta, skrynkliga och smutsiga T-shirt står det "Peace and love". Hennes ögon är stora, blå och sorgsna. Om det är regndroppar eller tårar som syns på kinden kan inte avgöras. Hennes blöta ljusa hår hänger fritt ned på axlarna.

Hennes ansikte får fortfarande närmast betecknas som vänt. Men inte oskyldigt, snarare förtvivlat.

Böcker som granskat vad som hände

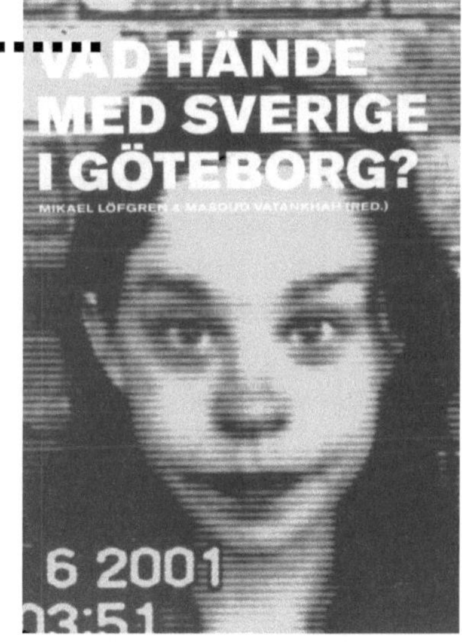

Mord avbryter EMU-kampanj

Nu är det september 2003 och det ska hållas folkomröstning i Sverige om medlemskap i EMU, *Ekonomiska och monetära unionen.* Moderaterna, Folkpartiet och Kristdemokraterna är för medlemskap, Centern, Miljöpartiet och Vänsterpartiet är mot. Socialdemokraterna är splittrade.

Ja-sidans kampanjarbete utförs av kampanjorganisationen *Sverige i Europa,* finansierad av *Svenskt Näringsliv,* och av socialdemokratiska *Socialdemokrater för Euro.* Nej-kampanjen drivs av borgerliga M*edborgare mot EMU,* socialdemokratiska *S mot EMU* och av *Folkrörelsen Nej till EU.*

Bland argumenten mot EMU finns sådant som att Sverige mår bäst med en självständig penningpolitik med egen valuta, ränta och riksbank. Att finanspolitiken inte kan ersätta riksbankens räntevapen, att priserna ökar med ett EMU-medlemskap. Dessutom menar vi på nej-sidan att demokratin och vårt inflytande försvagas av ett medlemskap i EMU och att Euron hotar jämställdheten. Det befaras också att EMU är första steget mot en federal superstat där Sverige förlorar makten över skattepolitiken. Andra argument är att ett ja är för evigt, medan ett nej kan man ändra. Fred i Europa garanteras av demokrati och frihandel, inte av gemensam valuta. Sveriges ekonomi är i mycket bättre skick än EMU:s

I Halmstad har vi i ***NEJ till EMU***-bord på Stora torg där vi delar ut foldrar med argument mot EMU.

Den 10 september, bara ett par dagar före folkomröstningen, blir vår utrikesminister Anna Lindh, som stått för ja till EMU, knivskuren. Följande dag får vi veta att hon avlidit.

Hela dagen går i sorgens tecken. EMU-kampanjerna inställs i hela landet. På vårt torgbord lägger jag en duk, sätter dit en blomma och en skylt *Hedra minnet av Anna Lindh. Rösta*! Senare på dagen blir det en minnesstund vid Rådhustrappan med musik av en stråkkvartett och korta tal av företrädare för de olika partierna.

Många förundras över att utrikesministern varit utan livvakter. Samma undran hade Agneta och jag haft bara ett par månader tidigare. Det var en måndag i början av juni. Socialdemokraterna i Halmstad hade inbjudit Anna Lindh att tala i vår stad. Agneta och jag ville gärna komma i kontakt med henne för att be om hennes stöd för den *Human Rights march* i Israel och Palestina som vi senare under året skulle deltaga i. Hon skulle i Halmstad efter ett besök på Högskolan transporteras till Stora torg. Vi frågade dem som organiserade hennes Halmstadsbesök om vi kunde få köra henne. Det skulle gå bra.

När vi hämtade henne på Högskolan i vår kollektivägda Skoda Felicia trodde vi förstås att hon skulle ha en livvakt med sig. Men hon åkte till vår förvåning ensam med oss.

Tyvärr kunde hon som utrikesminister inte stödja marschen i Israel/Palestina.

Vid folkomröstningen den 14 september är det vackert väder. Agneta och jag klär oss lite fina och går till Brunnsåkersskolan och röstar. Jag tycker ända sedan ungdomen att det är högtidligt med valsöndagarna. Denna gång är vi för en gångs skull inte valsedelsutdelare.

Vid valvakan gläds vi över en klar nej-seger med 55.9 % för nej och 42 % för ja.

Kanske första gången vi i alternativrörelsen tillhör den vinnande majoriteten.

Nätverk för fred i Mellanöstern

Det har kommit ett brev från polisen: Jag ska infinna mig på polisstationen för förhör. Man misstänker att jag genomfört en olaglig demonstration. Det gäller ett demonstrationståg mot USA:s Irakkrig. Jag hade lämnat in ansökan om polistillstånd för torgmöte men inte för demonstrationståg genom staden. Och så genomfördes ändå ett sådant.

Oj, kommer jag i fängelse nu?

Jag klär mig diskret och för ovanlighetens skull med kavaj. Vill inte väcka för stor uppmärksamhet eller verka rabulistisk. Väljer rockmärket Läkare mot kärnvapen på kavajuppslaget. Infinner mig hos polisen med viss hjärtklappning.

En kille i jeans och T-shirt förhör mig. Går igenom fakta, som jag håller med om. Till det ironiska hör att jag själv inte deltog i det aktuella demonstrationståget; jag cyklade nämligen vid den tidpunkten hem för att hämta ett uttalande som en av aktivisterna glömt att ta med till torget.

– Enklast är det ju, om det var en spontan demonstration, säger polisen

– Ja det är klart att det var spontant, det var inte planerat av organisatörerna.

– Bra, då är saken klar. Hej med dig.

President George W Bush planerade att anfalla Irak. Som motiv anförde han att Saddam Hussein hade massförstörelsevapen. Vi var många som ansåg att hans intresse för Irak handlade om makten över Iraks olja.

Bush gjorde ett par hundra lögnaktiga uttalanden om att Irak och president Saddam Hussein hade tillgång till massförstörelsevapen. Han förde även fram falska påståenden om Iraks kopplingar till al-Qaida. Andra som ljög var försvarsministern Donald Rumsfeld, utrikesminister Condoleezza Rice och vice president Dick Cheney. Det är en amerikansk undersökning utförd efter kriget som påvisar dessa lögner.

I Halmstad börjar vi aktiviteten mot det planerade kriget i början av december 2002. Vid ett sammanträde på Emmaus bildar vi ***Nätverket för fred i Mellanöstern***. Vi menar att opinionsbildningen inte bara skall gälla Irak utan även Palestinakonflikten, och vi enas om ett antal paroller att använda på plakaten:

Stoppa USA:s krig mot Irak - Upphäv de ekonomiska sanktionerna mot Irak - Kräv att den svenska regeringen protesterar mot USA:s krigsplaner och mot Israels ockupationspolitik - Stöd palestiniernas kamp för en egen stat - Stoppa kriget mot palestinierna - Kräv att Israel följer FN-resolutionerna och lämnar de ockuperade områdena!

Möjligheten att sprida information om våra aktiviteter via Facebook och dylikt finns ännu inte. Vi får kontakta dem vi känner som kan vara intresserade och så sätter vi in en notis i Evenemangskalendern hos HP. Vi kostar också på oss en billig annons under Föreningsaktuellt. Jag informerar lokala media om Nätverkets bildande för att det eventuellt skulle kunna bli en nyhetsnotis. Och gör en hemsida hos avgiftsfri hemsidesleverantör.

Vår första manifestation blir en demonstration på Högskolan i Halmstad när USA-ambassadören på Luciadagen besöker skolan. Det är på dagtid så yrkesarbetande kan inte delta. Vi är en handfull pensionärer som vandrar med engelskspråkiga plakat från centrum ut till Högskolan och står där när ambassadören passerar. Aktionen kommer med i HP vilket är viktigare än antalet demonstranter.

I fortsättningen håller vi till i Miljöpartiets lokal på Kungsgatan när vi planerar aktiviteterna, målar plakat och tillverkar banderoller.

Förutom manifestationer på Stora Torg, där vi står varje lördag, och demonstrationståg genom staden, ordnar vi ett fackeltåg. Vi skriver insändare och delar ut flygblad. Säljer knappar med texten *Stoppa kriget* att fästa på rockuppslaget och vi drabbas av en liten ekonomisk förlust då vi finner att ett stort antal märken, som kostar 8 kronor per styck i inköp, försvunnit i samband med en demonstration.

Text för insändare och flygblad antogs vid första mötet:

> ***Fred i Mellanöstern. Stöd fredsopinionen!***
> *Israel/Palestinakonflikten och USA:s planerade militära angrepp på Irak är två frågor som hör ihop.*
>
> *George W Bush påstår att syftet med kriget är att avväpna Saddam Hussein, befria Irak från en grym diktator och införa demokrati i landet. Och onekligen är Saddam Hussein en grym diktator, och visst är demokrati önskvärd. Men USA:s planerade krig drivs inte av omsorg om de mänskliga rättigheterna. Det handlar bland annat om strategiska oljeintressen. Irak har världens näst största oljefyndigheter. Det amerikanska militärhögkvarteret, Pentagon, beräknar att över 10 000 civila irakier kommer att dödas vid angreppet.*
>
> *Saddam Hussein var tidigare en uppskattad allierad till USA. Han försågs med massförstörelsevapen, bland annat kemiska och biologiska stridsmedel. Omfattningen av detta stöd ökade efter gasbombningen av kurdiska byar 1988. Det var först när Saddam Hussein inte längre kunde kontrolleras av USA som han förklarades vara en skurk. Nu vill man ha honom utbytt mot en foglig ledare, som låter sig styras av amerikanska intressen.*
>
> *Staten Israel har massförstörelsevapen. Israels regering hotar och begår krigshandlingar mot sina grannstater. Den förföljer och terroriserar det palestinska folket. Allt i strid med FN-resolutioner som kräver att Israel skall lämna ockuperade palestinska områden och respektera de palestinska flyktingarnas rätt att återvända. Men Israel struntar i vad FN säger. Israel kan göra det eftersom Israel är USA:s bundsförvant.*
>
> *Solidariteten med Palestina måste därför gå hand i hand med opinionen för fred. Det enda som kan korsa krigshetsarnas planer är kraftfulla folkliga protester över hela världen. I såväl Israel som USA finns aktiva fredsopinioner. De behöver vårt stöd.*
>
> *Delta i demonstrationer mot krigsivrarna*

Ett nationellt nätverk har startat i Sverige: *Nätverket mot krig*. Vi deltar i deras namninsamling med ett upprop till Sveriges regering:

Nej till krig mot Irak!

Vi protesterar mot USA:s och Storbritanniens planer på att starta krig mot Irak.

Vi tar starkt avstånd från förtrycket i Irak, men demokrati och mänskliga rättigheter kan inte bombas fram.

USA försöker med hotelser, mutor och utpressning mot säkerhetsrådets medlemmar och hela FN-systemet få igenom en resolution som förevändning för ett anfall i strid mot folkrätten.

Vi kräver att Sveriges regering agerar kraftfullt mot USA:s krigspolitik och företräder den breda svenska opinion - en majoritet av befolkningen - som säger nej till krig och ja till fortsatta vapeninspektioner.

Vid några tillfällen utgör våra lokala aktioner ett led i världsomfattande demonstrationsdagar. Lördagen den 18 januari 2003 demonstrerar man i Stockholm, Göteborg, London, Washington, San Francisco, Tokyo, Hongkong och på många andra platser runtom i världen. Så gör vi även i Halmstad. Själv deltar jag denna dag i det stora demonstrationståget i San Francisco.

Den 15 februari 2003 är det ännu större demonstrationer mot krigsförberedelserna. Runtom i världen demonstrerar närmare 10 miljoner människor mot ett krig som ännu inte har börjat men som man hoppas kunna stoppa. I Stockholm samlas långt över 100 000 deltagare. I Halmstad är vi 750 personer som från torget går "Lilla rundan" Köpmansgatan – Lilla torg – Storgatan – Stora torg

De världsomfattande demonstrationerna ger hopp. Nog ska det gå att förhindra kriget?

Men alla protester visar sig vara förgäves. Den 20 mars går USA tillsammans med Storbritannien och några andra villiga nationer, men utan stöd från FN, till angrepp mot Irak. Invasionen sker i strid mot folkrätten eftersom USA inte har angripits av Irak först. USA kallar kriget för *Operation Iraqi Freedom*. Iraks armé har ingenting att sätta emot bomberna och invasionsstyrkorna och Bush kan redan den 1 maj förklara att kriget är vunnet.

Svensken Hans Blix har varit ledare för FN:s vapeninspektioner i Irak. Strax före invasionen sökte vapeninspektörerna igenom de platser där det enligt brittisk och amerikansk underrättelsetjänst skulle finnas massförstörelsevapen – men utan att hitta några. Efter invasionen kan man bekräfta att FN-inspektörerna hade rätt och Bush fel. Det fanns inga kärnvapen.

Nu när kriget trots all kommit, kan vi inte nu sluta med demonstrationerna? Nej, dagen efter invasionen meddelar jag polisen att vi ämnar ha en akut torgdemonstration på lördag. Jag hade trott att det numera i akuta fall skulle räcka med en anmälan, men polisen fordrar en formell ansökan, och jag skriver en sådan. Och så får vi förstås betala för den. Det är vid demonstrationen den 22 mars som den spontana men olagliga marschen sker.

Vis av erfarenheten söker jag i fortsättningen även tillstånd för demonstrationståg i ansökningarna om polistillstånd för torgmöte varje lördag. Så får vi vid varje tillfälle ta ställning till om det är meningsfullt med en marsch eller inte.

Vid manifestationen följande vecka har vi en hel del sång och musik. Bland andra sjunger Inka Persson och Jörgen Magnusson. Flera ungdomar håller tal. Agneta och jag bjuder på påskmust och har en skämtsam skylt: *Krossa USA:s ekonomi – drick påskmust istället för Coca Cola*. Några tjejer har klätt Europa och tjuren i svart. Jag har satt blommor i famnen på 91 Karlsson-statyn på Storgatan och hängt en skylt om hans hals: *Fotsoldater för fred*.

Det är nu nästan heltidsarbete med Nätverket för fred. Det gäller utskick, mediainformation, sångtexter, hemsida, insändare, affischer, polistillstånd och så vidare. Och det hinner jag med eftersom jag nu är pensionär.

Vi fortsätter våra demonstrationer Det blir nya plakattexter att måla. Nu står det:

USA ut ur Irak – Bagdadbor behöver vatten och medicin – Rent vatten istället för missiler – Demokrati i Irak – Ockupation är inte befrielse – USA ut ur Mellanöstern.

I en insändare till HP med rubriken *Kan vi inte sluta att demonstrera nu? Nej, det kan vi inte*, skriver vi bland annat:

USA och Storbritannien invaderade Irak för att landet har stora oljefyndigheter. Regimskiftet har skett med olagliga medel. USA har kört över och orsakat en svår kris i FN. Vi måste fortsätta att demonstrera för folkens rätt, bland annat irakiernas och palestiniernas rätt, och protestera mot att en arrogant stormakt anser sig ha rätt att själv bestämma över resten av världen. Vi kräver att FN skall få ansvaret för det övergångsstyre som behövs, om en verklig demokrati ska kunna införas i Irak. Amerikanska stridsvagnar kommer inte att införa demokrati i regionen. Diktaturregimens ledare bör ställas inför en internationell tribunal, men den amerikanska regeringen tänker organisera rättsprocessen på eget vis. Även krigsförbrytare från andra länder ska dömas av internationell domstol. Vi måste gentemot USA försvara FN-stadgans påbud om att endast säkerhetsrådet kan besluta om militära interventioner. Vi protesterar mot Bushs säkerhetspolitik om amerikansk hegemoni och en självpåtagen rätt att ingripa militärt i andra länder i "förebyggande" syfte. Redan hotar USA att Syrien kan bli nästa. Vi måste avslöja Västvärldens hyckleri inför Sharonregeringens övergrepp i de palestinska områdena. USA:s omfattande stöd till Sharons regim utgör ett stöd till en fruktansvärd daglig terror på de ockuperade palestinska områdena.

I september ingår vi i de aktiviteter på torget som flera organisationer gemensamt anordnar under parollen *Tillsammans för fred.*

Förutom demonstrationer ordnar vi några seminarier. Den 17 maj har vi efter torgdemonstrationen ett sådant på Café Österskans med Birgitta Elfström och Arne Malmgren som talare. Ett annat seminarium har vi efter demonstrationen den 25 oktober – en dag då stora fredsmanifestationer hålls runt om i världen – varvid bland andra Henry Ascher medverkar.

På årsdagen av invasionen, lördagen den 20 mars 2004, genomförs stora demonstrationer såväl i USA som i andra länder. Även vi i Halmstad har torgmöte. Men detta blir en av de sista aktiviteterna med Nätverket. Aktioner för palestinierna har nu blivit mer aktuella och några av oss startar Palestinagruppen.

Irakkriget har fått allvarliga följder. Iraks infrastruktur har förstörts och människor lemlästats och dödats. Enligt en utredning som amerikanska och irakiska vetenskapsmän gjort har mer än 600 000 människor dött till följd av kriget. Någon fungerande demokrati har Irak fortfarande inte fått när detta skrivs, mer än ett decennium senare. Och den terrorism som 2017 drabbar stora delar av världen har en del av sina rötter i de krig som Georg W Bush startade och som den brittiske premiärministern Tony Blair aktivt stödde

Hos en familj i Betlehem

Från den trånga gatan går vi in genom en sliten trädörr, som en gång varit klarblå, till det hem där vi ska bo i natt. Vi kommer in till en liten stenbelagd gård. Där står en skottkärra och i ena hörnet har man i en låda planterat en buske. En kal stam, tjock som ett finger, slingrar längs ett snöre upp till uteplatsen på andra våningen. På ena väggen har man målat en blomma. En dörr leder in till ett fönsterlöst rum som saknar ventilation. Det är de fem flickornas sovrum får vi veta.

De två hemmavarande sönerna hjälper oss med våra resväskor uppför en trång trappa och vi kommer till en liten korridor. Där finns till höger en vattenkran med vask – husets plats för personlig hygien. Från korridorens högra kortända kommer man in till ett litet kök, där det finns en arbetsbänk, en gasplatta, en vask, ett kylskåp och ett väggfast skåp med några koppar och fat. Genom en dörr i korridorens andra kortända kommer vi till uteplatsen. Från korridorens långsida, mittemot ingången från trappan, kommer man in till två rum. Det högra är vardagsrummet, möblerat med två soffor, ett bord och en liten bokhylla, där det står några färgglada prydnadssaker och en bok. Det andra verkar helt omöblerat frånsett en tv, men bakom ett skynke ser vi madrasser och liggunderlag. Tydligen pojkarnas sovrum. Det tycks inte finnas några garderober eller förvaringsskåp. I en liten skrubb finns toalett i form av ett hål i golvet.

Det är Basimas hem som Agneta och jag besöker. Vi deltog 2002 i *Human Rights march* i Israel och Palestina, organiserad av norska fredskvinnor. Den gången besökte vi på julaftonen Yassir Arafat som satt i regeringsbyggnaden i en av Israel beordrad husarrest. Vi besökte vid det tillfället Basimas hem i Ayda flyktingläger. Nu, ett år senare, är vi här på en solidaritetsresa, också organiserad av de norska kvinnorna. I natt ska vi bo hos Basima.

Basima är en vacker 38-årig kvinna, som har åtta barn. Hon är klädd i blå kappa och har en vit slöja på huvudet. Basima är änka. Hennes make, Salami, dödades för tre år sedan. När han tittade ut genom fönstret för att se efter om en av sönerna var på väg in för att äta, blev han skjuten. Det var en israelisk prickskytt på det ockuperade arabiska hotellet i närheten som sköt. Kulan träffade Salami i huvudet och fortsatte in i fönsterkarmen. Fortfarande kan man se kulhålet. Barnen såg hur blodet sprutade. Han föll ned över Asma, yngsta dottern, som då bara var ett år. Barnen skrek och var under lång tid efteråt mycket rädda.

På kvällen sitter vi på uteplatsen och samtalar med Basima och hennes bror Basam. Han kan tala engelska.

De berättar att äldste sonen, Iyad, släpptes ur fängelset för två månader sedan och nu studerar matematik på universitetet i Betlehem. Nu är det näst äldste sonen, Muaead, som sedan några månader sitter i fängelse. Han skall sitta där i två år. Så bröderna får inte se varandra på fyra år.

– Varför fängslades de?

– För att pappan blev skjuten av israelerna. Israelerna ville straffa sönerna också. De kan ju bli terrorister, menar israelerna.

– Hur var fängelset?

– Det bestod av tält i öknen. Mycket kallt på vintern, hett på sommaren. Man fick själv ta med madrass hemifrån. Där fanns råttor, ormar och skorpioner. Vakterna provocerade oss för att få oss att göra något som vi kunde straffas för.

Det rör sig om administrativt fängelse – för att se om de fängslade kan ha något att avslöja eller bekänna. Flera tusen palestinska män sitter fängslade på detta sätt.

Vi frågar när lägret byggdes och får veta att FN byggde Aydalägret liksom alla andra läger efter fördrivningen av palestinier från nuvarande Israel 1948.

– Våra föräldrar flydde från sitt hem i Haifatrakten först till Hebron och sedan hit, så vi har flytt två gånger. Det var många som flydde vidare efter 1967 till Jordanien. Allt berodde på hur rädd man var. De som lyckas få arbete och skaffa pengar flyttar från lägret.

– Förekommer det israeliska störningar här?

– Ja, de skjuter ofta ljudbomber på natten för att skrämmas. Ibland tårgas mot barnen på väg till skolan För närvarande har det i två dagar varit lugnt på grund av judisk helg.

– Hur klarar man sig ekonomiskt? Får man några bidrag?

– Förr fick man en del via en muslimsk förening, men nu är detta stoppat av Israel – det kan stödja terrorism, säger de.

– Får man bidrag från FN?

– UNWRA sänder var fjärde månad olja och socker som är bra och mjöl och ris som är av dålig kvalitet. Vi får nu 50 NIS per person var femte månad om man inte har något arbete. Universitetet kostar ungefär 6000 NIS per år. (1 NIS ungefär 1,70 svenska kronor)

Vi frågar om Basima får någon pension eller dylikt efter maken.

– Han hade byggnadsarbete i Israel. Bolaget betalade inte ut pension på grund av att han blev skjuten av israelerna, alltså var han terrorist, säger de.

– Kan ni resa till andra städer?

– Vi kan inte besöka städer på Västbanken eller Jerusalem – det finns många *checkpoints*. Iyad har som före detta fånge fem års förbud att åka utanför egna regionen. Han kan inte studera i Jerusalem – får bara vara i Betlehem. Om han hittas till exempel i Hebron får han två års fängelse.

Det mörknar medan vi sitter där och pratar. Det finns ingen gatubelysning i flyktinglägret. Fördelen är att man ser måne och stjärnor. Är det kanske snart sängdags? Basima och hennes bror vill inte att vi ska sluta.

– Det är så roligt att ha er här.

Det är drabbade men godlynta människor vi pratar med. Många skratt i eländet.

Vi kommer i säng på vid halv tvåtiden. En kackerlacka flyr undan när Basima brer ut liggunderlag på golvet i vardagsrummet.

Det är lite svårt att somna. Vid tvåtiden hörs en tupp gala alldeles i närheten och han får svar av en tupp längre bort. De fortsätter att gala hela natten. Klockan fyra hörs det kraftiga böneutropet från minareten i närheten.

Vid femtiden hör vi folk gå utanför på gatan på väg till sina jobb. Vid halvsjutiden hörs tassande utanför dörren: Basima och flickorna som ska gå till skolan har börjat göra sig redo. Det som inte hörs – som vi är vana vid i Halmstad – är trafikbuller från motorfordon.

Storflickorna tar på sig sina grönvitrandiga skoluniformer och vita huvuddukar och går till skolan. Asma, yngsta flickan, har om halsen ett smycke, den reflex från Tekniska kontoret i Halmstad som hon fick av oss igår. Hon gråter. Varför? Mamma försöker förklara med skolväskan. Aha, hon vill inte gå till skolan, tycker vi oss förstå. Men efter ytterligare förklaring med enstaka engelska ord (*time long*) och teckenspråk inser vi att det är tvärtom: hon är ledsen för att hon inte får gå till skolan – hon har bara hemmet eller de kala gränderna att vara i.

Vi tar en promenad i omgivningen med de två yngsta flickorna. Gatan är som en muromgärdad, ungefär 2–3 meter bred gränd. Det är fönsterlösa husväggar som utgör murar. På många väggar har man spejat arabiska texter. Mittemot Basimas hus har man målat en moské, omgiven av gröna palmer. Vi kommer till en vägg med en konstnärlig muralmålning som illustrerar flyktingarnas situation. I ett gathörn sitter en kvinna och säljer olivtvålar. Och vi ser israelernas säkerhetsmur – av kritikerna kallad Apartheidmur, som här är 6 meter hög. Den byggs här 10 km in på palestinskt område.

Flickorna gläds omåttligt över den lilla promenaden med utlänningarna. Snabbt har vi en stor grupp barn med oss på vandringen. Men Basimas flickor vill ha ensamrätt på oss.

Efter promenaden tar Wad med oss upp på taket för att visa burarna med duvor och med höns. Såväl duvorna som hönsen används som föda. På taket hänger tvätt på tork. Vi ser flera stora vattenbehållare, där solen åstadkommer varmvatten.

Vi skiljs med kramar och försäkringar om att hålla kontakt. Basima lämnar som present en glasburk med hemtillverkad aprikosmarmelad och oliver som hon lagt i saltvatten i en tom tvåliters Fantaflaska. Det visar sig när vi lämnar Israel att säkerhetskontrollanterna är mycket misstänksamma mot Fantaflaskans oliver.

Under besöken i Israel och Palestina har vi liksom många andra funnit att situationen för palestinierna är mycket värre än man någonsin kunnat föreställa sig. Och att media inte förmedlar en rättvis bild av konflikten. Många svenskar tror fortfarande att det handlar om att palestinierna vill kasta ut judarna i havet och att Israel måste skydda sig mot terrorister. Vi menar att det centrala i dagens konflikt är att Israel ockuperar palestinska områden, bär sig åt som skurkar mot de ockuperade palestinierna och vägrar följa internationell lag och FN-resolutioner.

Vid ett av våra besök i Palestina hade vi med fotbollströjor, som vi fått av HBK, till pojkarna i ett flyktingläger. Tröjorna uppskattades..

Ockuperade i 50 år

I strid med internationell rätt har Israel koloniserat ockuperad mark med bosättare och trasat sänder Västbanken. Man stjäl palestiniernas land och vatten. En mängd spärrar bemannade av beväpnade soldater hindrar palestiniernas rörelser. Människorna trakasseras på en mängd olika sätt. Bönder hindras bruka sin jord. Olivodlingar förstörs. Bostäder rivs. Ekonomisk utveckling görs omöjlig. Och Israels regering visar inget intresse för en rättvis fred. Västvärlden blundar.

Opinionsbildning mot Israels ockupationspolitik är en känslig sak. Det känns fel att kritisera den judiska staten. Vi är alla medvetna om århundradens förföljelse av judar och inte minst Förintelsen i Nazityskland. När det judiska folket äntligen fått en egen nation, kan man då kritisera dess politik? Svaret är att gårdagens offer mycket väl kan vara dagens bödlar. En gång hyllade vi frihetskämpen Robert Mugabe som ledde kampen mot Smiths olagliga regim i Zimbabwe. Nu är han en diktator.

En grym ockupationspolitik måste kritiseras. Och det handlar verkligen inte om antisemitism. Många judar, såväl i Israel som runtom i världen, är engagerade i kampen mot ockupationen.

Olika solidaritetsgrupper försöker få ut information om palestiniernas situation. På 1970-talet fanns i Halmstad en ***Palestinakommitté***. Kommitténs verksamhet upphörde efter en tid och under ett antal år fanns ingen grupp i Halmstad som specifikt sysslade med Palestinasolidaritet. *Nätverket för fred i Mellanöstern*, som bildades 2002, hade dock förutom Irakkriget även Palestinafrågan på sin agenda. När detta nätverk lades ned blev det aktuellt att bilda en grupp för Palestina.

Vid ett möte på Biblioteket i Vallås i januari 2007 bildade vi ***Palestinagruppen i Halmstad.*** Ordförande för gruppen blev Björn Lind. Enligt stadgarna som vi antog är målsättningen för gruppen att i enlighet med stadgarna för *Palestinagrupperna i Sverige* (PGS) lokalt arbeta för PGS program. I praktiken innebär detta att sprida kunskap om situationen i de av Israel ockuperade områdena, bedriva opinionsbildning för en fredlig lösning på Palestinakonflikten och för det palestinska folkets rätt till nationellt oberoende. Dessutom ska vi samla in pengar till Palestinagruppernas insamlingsprojekt.

Det centrala i gruppens verksamhet har varit dels studiecirklar om Palestinafrågan, dels bokbord och flygbladsutdelning på Stora torg eller utanför Stadsbiblioteket den sista lördagen i varje månad, frånsett vintermånaderna. Vi har samlat in namnunderskrifter under upprop till såväl Sveriges regering som Israels ambassad. I samband med Gazakrigen har vi organiserat större demonstrationer. Vid offentliga möten har Per Gahrton talat under rubriken: *Efter 40 års ockupation - dags för fred i Palestina?* Kent Härstedt har föreläst om *Det framtida Jerusalem.* Advokaterna Iyad Misk och Ayed Abu Eqtaish från *Defence for Children International* (DCI) har berättat om sitt arbete med att försvara palestinska barn som arresterats av israeliska armén, Göran Burén har föreläst om sin bok *Mordet på Folke Bernadotte* och Viktoria Strand har informerat om *Ship to Gaza och Gaza Ark*. Annie Wernersson och Kerstin Dahlberg har vid olika tillfällen berättat om sina erfarenheter som *Följeslagare i Palestina.* I samarbete med *Tent of Nations* ordnade Palestinagruppen ett möte med läkaren Salim Anati från Palestina som talare. Filmen *Flickan från Auschwitz* (om journalisten Cordelia Edvardsson) visades vid ett möte. Vid flera tillfällen har medlemmar i gruppen rapporterat från sina resor i Israel/Palestina.

I samband med *Tall Ship Race* i Halmstad 2011 ordnade vi ett *Small Ship Race* då en optimistjolle med palestinska flaggan i seglet och Jörgen Magnusson som skeppare seglade I Nissan. Vid en av Halmstads Bollklubbs hemmamatcher delade vi ut Palestinagruppernas temanummer *Idrott under ockupation*. I anslutning till valet 2014 inbjöds de politiska partierna till debatt om Palestinakonflikten. Vänsterpartiet, Miljöpartiet och Socialdemokraterna kom. Under några år har vi på Norre Port anordnat *En dag för Palestina* med föredrag och stödkonserter för Palestina

Gruppen har varit aktiv i stödet för *Ship to Gaza* och *Gaza´s ark.* På Gazaremsan lever drygt en och en halv miljon människor i något som närmast kan beskrivas som ett utomhusfängelse. Israel och Egypten blockerar deras förbindelse med omvärlden. Varken människor eller varor kommer in eller ut från Gaza utan dessa staters tillstånd. Gazaborna kan varken importera sådant de behöver eller exportera det de kan producera. Tidigare har *Ship to Gaza* försökt skeppa in förnödenheter. Fartygen har med våldsamma metoder stoppats av Israels krigsmakt på internationellt vatten. År 2014 startade ett projekt där man skulle göra tvärtom: segla ut från Gaza med exportprodukter från palestinier till köpare i omvärlden. Det handlar om jordbruksprodukter och textila hantverk. Projektet kallades *Gaza´s ark*. En fiskebåt i Gaza byggdes om under ledning av bohusläningen Charlie Andreasson för att kunna frakta varorna.

Palestinagruppen i Halmstad åtog sig att administrera inköpen för de svenskar som inte beställde sina varor via Palestinagrupperna i Stockholm eller Göteborg. Vi informerade kunderna om att de som köpare, trots förhandsbetalning, inte hade någon garanti för att varorna skulle kunna levereras. Israels krigsmakt skulle kunna komma att hindra båten.

Vi fick ihop beställningar och betalningar för drygt 18 000 kronor. Tyvärr har det visat sig att kunderna inte kan få sina varor. Israel bombade sönder båten 2015. Däremot har de palestinska hantverkarna fått betalt för sina varor, eftersom betalning gått direkt till producenterna i samband med beställningen. Charlie Andreasson har vid ett möte på Stadsbiblioteket berättat om sina erfarenheter och sin bok *Dagbok från Gaza*.

Palestinagruppen har inte lyckats dra till sig något större antal aktivister. Medlemsantalet har hållit sig kring 30 och bara ett tiotal brukar delta i gruppens aktiviteter.

Situationen för de ockuperade palestinierna har genom åren inte förbättrats.

En regnig palestinademonstration på Stora torg

Bekämpa imperialismen

Det låter vänsterextremistiskt, tycker många, begrepp som anti-imperialism och anti-kolonialism. Visst har det framförallt varit grupper och partier på vänsterkanten, som använt dessa ord. Men imperialism – att ett visst folk anser sig ha rätt att härska över andra – och kolonialism – att stater erövrar och behärskar främmande territorier – har varit och är fortfarande i högsta grad reella företeelser, som man har anledning av att förhålla sig till. Liksom till postkolonialism.

Under senare delen av 1800-talet och tidigare delen av 1900-talet var det framförallt britter, fransmän, holländare och – något senare – japaner och tyskar som stod för imperialism och kolonialism. USA:s imperialism gällde under 1800-talet Latinamerika (med Monroe-doktrinen som formellt argument), men sträckte sig senare till Stilla havsområdet, med erövringen av Filippinerna, och har under 1900-talet kommit att handla om hela världen. Till skillnad från de europeiska staterna har USA i regel undvikit att utöva sin makt direkt. Man har istället påverkat andra nationers politik via ombud, som militärdiktatorer eller andra inhemska härskare. Man har använt CIA-skolor, infiltration och manipulering av utvalda grupper, nyhetsmanipulering och ekonomiska påtryckningar. Militär inblandning har man tagit till bara när andra metoder inte fungerat. Exempel på några våldsamma aktioner är massakern i Indonesien 1956, Vietnamkriget 1960–1975, oljekriget 1990 och Irakkriget 2003. Exempel på andra typer av aktioner, där USA på olika sätt varit inblandat, är avsättningen av Mohammed Mossadeq i Iran 1953, militärkuppen i Pakistan 1958, invasionen i Grisbukten på Kuba 1961, militärkuppen i Chile 1973, Indonesiens invasion av Östtimor 1975, stödet till Iraks ledare Saddam Hussein i kriget mot Iran 1979, invasionen av Grenada 1982 samt stödet till *contras* och mineringen av hamnar i Nicaragua 1984.

Exempel på Sovjetunionens imperialism med anspråk på makt över Östeuropa illustreras av invasionerna i Ungern 1956 och Tjeckoslovakien 1968.

Kamp mot imperialism och kolonialism har funnits ända sedan 1800-talet. Under senare delen av 1900-talet har alternativrörelsernas kamp emellertid framförallt handlat om att stödja de forna koloniernas frigörelseprocess från europeiska kolonialmakter och stödja folk som utsatts för USA:s imperialism. När det gäller Sovjetunionens imperialism har alternativrörelsen inte behövt engagera sig eftersom den kampen har förts av starkare aktörer.

I Halmstad har det inte funnits någon speciell grupp, förening eller nätverk som kallats ***Bekämpa imperialismen och kolonialismen***. Men för många av de grupper som jag skrivit om i den här boken handlade aktiviteterna till stor del om just kamp mot imperialism och kolonialism och om stöd till de drabbade. Det gäller till exempel Vietnamkommittén, Centralamerikakommittén, Afrikagruppen, Fredagsgruppen, Palestinagruppen, Nätverket för fred i Mellanöstern, Svensk-Kubanska Föreningen och Emmaus.

Sedan ett par år tillbaka har ABF i Halmstad ordnat *Socialistiskt forum*, där olika grupper, bland andra sådana med antiimperialism på programmet, vid montrar informerat om sin verksamhet. Dessutom har programmet omfattat föredrag och debatter liksom sång och musik.

Åderlåtarne vid demonstrationståg en regnig dag

Pessimism och optimism

I sin både roliga och tankeväckande bok *Feel bad och må bra – Överlevnadshandbok för pessimister* skriver Anders Mathlein att en pessimist ofta kan bli glatt överraskad medan en optimist undrar varför det inte blir som man tänkt. Det skulle alltså kunna vara positivt att vara pessimist.

I alternativrörelsen har man ofta anledning att känna sig pessimistisk. Eller frustrerad och besviken. Man når aldrig upp till sina mål. Fredsrörelsen lyckas inte stoppa krigen, miljörörelsen räddar inte klimatet, solidaritetsrörelsen åstadkommer inte rättvisa i världen. Även I det lokala arbetet kan det ofta kännas visset. Det är så få som bryr sig om de viktiga frågorna. Det kommer så få till manifestationerna. Människor som man säkert trodde skulle medverka i olika aktiviteter kommer inte. Intressanta evenemang som man trodde media skulle bevaka blir inte uppmärksammade. Projekt som ter sig väldigt lovande blir helt misslyckade.

Med åren vänjer man sig dock vid att allt inte går som på räls. Man luttras. Här är en berättelse om vad som hände hos oss i Amnesty för ett par år sedan.

– Jag har ett förslag. Jag tycker vi ska ordna en välgörenhetskonsert med Lena-Maria Klingvall, sade Jan vid styrelsemötet i Byring & Bråtes kök.

– Jag har väldigt dåliga erfarenheter av välgörenhetskonserter som ska gå med vinst, menade jag. Risken är att det istället blir förlust.

– Men Lena-Maria är ett namn som drar. Jag ordnade en konsert med henne förra året. Vi hade Ränneslöv kyrka fullsatt. Det blev en nettovinst på fyrtiosex tusen som tillföll Rotarys Läkarbank.

– Jag är ändå tveksam, sade jag och förklarade varför jag var så negativ:

För ett par år sedan kom en medlem av Dragspelsklubben och sade att de ville ordna en välgörenhetskonsert för Amnesty, han kallade det artistgala. På Byrings gård. De skulle ordna gratis artister, vi skulle bara behöva göra affischer och ordna en estrad. Det lät väldigt bra. Han berättade att när de ordnat en liknande konsert för Frälsningsarmén hade det gett närmare fyrtio tusen i netto. Vi tackade för erbjudandet. Bestämde datum och gjorde affischer – och till detta dög det inte med vanliga hemmagjorda, så de kostade en del. Vi hyrde utrustning för estradställningar på Hyrtab ute på Andersberg. Körde hem dem på vår lastbil. Monterade estrad en fredagskväll. Det var en massa jobb. Och så kom konsertdagen. Det var en regnig lördag på våren. Vi var tidigt där och ställde ut stolar på hela gården och inväntade masspubliken. Problemet var att det inte fanns någon stor intresserad publik. Men vi hoppades att det ändå skulle bli i en nettovinst på de inträdesbiljetter som vi trots allt sålde. Det blev dock inte så. Det visade sig att artisterna visserligen ställde upp utan arvode men ändå kostade. Några hade rest från Kungsbacka och skulle ha reseersättning och en sångerska skulle ha ersättning för förlorad arbetsinkomst eftersom hon tagit ledigt från jobbet. Slutresultatet blev en förlust på ungefär femtusen. I stället för en inkomst på fyrtiotusen.

Jan höll med om att det inte var så lyckat resultat. Men med Lena-Maria skulle det garanterat bli en nettovinst, menade han. Mötet beslöt att vi skulle låta Jan jobba vidare med en sådan konsert.

– Nu är det klart, rapporterade Jan vid styrelsemötet några månader senare.

Han hade skrivit kontrakt med Lena-Maria. Vi skulle sälja biljetter för 240 kronor på Turistbyrån och Café Österskans. Med ungefär trehundra platser fyllda skulle det ge oss en nettoinkomst på drygt tjugotusen enligt Jans kalkyl.

Konserten ägde rum i Immanuelskyrkan onsdagen den 18 april 2012. Några dagar före fick vi veta att vi måste ordna slagverk, eftersom gruppen som skulle ackompanjera Lena-Maria tyckte det blev för krångligt att ta med slagverksutrustning på flyget och ville att vi skulle ordna det här lokalt. Det gjorde vi, men det kostade en del.

Vid mötet efter konserten undrade jag:

-– Nå hur blev resultatet?

– Tyvärr var inte Halmstadsborna så intresserade. Vi sålde för få biljetter. Det blev inte någon vinst utan ett underskott på 17 600 kronor.

– Men det var en mycket lyckad konsert för övrigt, sade Jan.

Det var det nog. Och så lade han till:

– Men nu har jag en jättefin idé som absolut kommer att gå bra. En konsert i december med Cyndee Peters.

Vi beslöt att avstå från denna konsert. Men Jan genomförde den i Ränneslöv kyrka till förmån för Rotarys läkarbank. Konserten gav ett överskott på åttatusen.

Vid artistgalan hos Byring & Bråte hade vi estrad och artister men väldigt lite publik

Rättvis choklad vid Fredriksvallsgatan

I många länder arbetar människor under vidriga förhållanden och med extremt låga löner. Företagen som säljer produkterna tjänar stora pengar. *Fair trade* eller *Rättvis handel* har till uppgift att förbättra arbets- och levnadsvillkor för odlare och anställda i länder med stor och utbredd fattigdom. Man vill stöda en ekonomisk, social och miljömässigt hållbar utveckling.

Det internationella certifieringsmärket för rättvis handel har använts i Sverige sedan 2004 och från 2010 används det internationella namnet *Fair trade*. De flesta Fair trade-produkter är livsmedel men det finns också blommor, bomull, guld, hudvårdsmedel, sportbollar och träsaker. Många, men inte alla, av de Fair trade-märkta varorna är också ekologiska.

I Halmstad startades en butik för försäljning av Fair trade-varor 2007. Den fick namnet ***REKO-butiken***, med butikslokal vid Fredriksvallsgatan. Det hela började med att två ungdomar från Halmstad, Linda Persson och Jenny Norell, deltog i ett ungdomsutbyte hösten 2003; de vistades tre månader på landsbygden i norra Thailand och därefter tre månader i Åsele i Norrlands inland. Det SIDA-finansierade programmet avslutades med en inspirationsföreläsning från ***Internationellt Kulturutbyte* (IKU).** Detta ledde till att det i Halmstad startades en lokalorganisation till IKU. Organisationens första projekt blev ett utbyte med Sri Lanka genom NBV:s kontakter där. Flera personer åkta till Sri Lanka. De blev förfärade över hur kvinnor på teplantagerna arbetade i usel miljö och med mycket låga löner och nästan var livegna. De undrade vad de kunde göra.

Amina Boulaabi (då Gavranovic) och Linda Persson startade en studiecirkel om Fair trade. Flera av dem som deltog i cirkeln kom sedan att tillhöra kärngruppen som startade REKO-butiken.

Under hösten 2006 var IKU Halmstad värd för YPD

(*Youth partners in development*), ett SIDA-finansierat utbytesprojekt med Kambodja. Ungdomar från Kambodja och Sverige arbetade i Halmstad under tre månader, bland annat arrangerade de en festival på temat *Global justice*. Man hade nu planer i IKU på att öppna en butik och att eventuellt överskott från festivalen skulle gå till detta. Det blev startskottet.

Gruppen köpte in en del produkter och sålde på *home-parties*, på torget och vid olika föreningars möten. De som utbildat sig till rättviseambassadörer var ute och föreläste i olika sammanhang. Man ordnade utställning på biblioteket och tog kontakt med närliggande butiker i Varberg och Laholm.

Våren 2007 konkretiserades arbetet. Ett startkapital på 100 000 kr ordnade man genom ett projektbidrag från Ungdomsstyrelsen. När de aktiva samlades till årsmöte samma år stod de dock utan kassör. Ingen av mötesdeltagarna vågade åta sig uppdraget. Man frågade bland vänner och bekanta och en dag hörde Ann-Marie (Mia) Norring av sig och erbjöd sig lite försiktigt att ta kassörsuppdraget. Hon hade ingen tidigare erfarenhet av bokföring men kunde tänka sig att lära sig. Mia blev sedan under många år en stadig klippa i organisationen.

I juni 2007 skedde invigningen av butiken, efter febril verksamhet med många inblandade. Några gjorde inköpen. Andra ordnade ambassadörsutbildningar och föreläsningar för volontärerna som skulle bemanna butiken. Någon gjorde butiksloggan och hemsidan; andra undersökte vilka lagar och regler som gällde. Ett par medlemmar skrev ansökningarna och andra samordnade bemanningen. Man sökte och fann en lokal som kunde funka och hittade den vid Fredriksvallsgatan. Gruppen målade om lokalen, satte igång med opinionsbildning och uppvaktade politiker för att göra Halmstad till *Fair trade city*. I butiken bjöd man på rättvisemärkt juice. Ute i staden ordnade man modevisning med levande modeller för att visa upp Fair Trade-kläder. Ordförande i REKO:s första styrelse blev Jenny Norell.

De flesta av dem som var med vid starten var unga och

en del flyttade snart till andra orter. En del äldre medarbetare tillkom och bidrog till stabiliteten. En tid hade REKO via EVS (*Europeisk volontärtjänst*) också två volontärer, en från Tyskland och en från Spanien, som hjälpte till att bemanna butiken.

Bland de Fair trade-varor som sålts i affären kan nämnas choklad, kryddor, thé, pedagogiska leksaker och textila hantverk. När butiken firade ettårsjubileum 2008 tog man fram en Fair trade-fotboll lagom till EM i fotboll.

Det har inte gått att locka tillräckligt många kunder till butiken vid Fredriksvallsgatan. Utgifterna – framförallt för lokalhyran – blev till slut större än inkomsterna och hösten 2016 blev man tvungen säga upp lokalen. För att trots detta kunna fortsätta verksamheten har man etablerat samarbete med Café Strandgatan 20 i Immanuelskyrkan.

Halmstad är till för alla

I mitten av 2010-talet är mer än 65 miljoner människor på flykt i världen. Det är det största antalet i modern tid. Häften av världens flyktingar kommer från tre länder: Syrien, Afghanistan och Somalia. Inte minst är det kriget i Syrien som gjort att antalet flyktingar ökat. I slutet av 2015 befann sig 5 miljoner syrier på flykt utanför Syrien. De allra flesta flyktingar har kommit till fattiga utvecklingsländer. Men några även till det rika Europa. Också till Sverige. Många har kommit i fullpackade gummibåtar över Medelhavet; flera tusen har drunknat. Den ena europeiska regeringen efter den andra har stängt gränsen och hindrat flyktingar från att söka asyl i Europa.

I samband med flyktingvågen har främlingsfientlighet växt och rent flyktinghat kommit till uttryck i många länder, även i vårt land. En brun våg har gått genom vår världsdel; högerpopulistiska partier med främlingsfientlighet på programmet har gått starkt framåt. I Sverige har ett sådant parti, Sverigedemokraterna, vuxit till vårt tredje största parti.

Samtidigt har individer och organisationer, inte minst kyrkorna och Röda Korset, gjort stora insatser för att hjälpa de flyktingar som anlänt. I Halmstad har Röda Korset bland annat delat ut förnödenheter till nyanlända och ordnat språkkaféer och språkvärdar. Exempel på privata initiativ är att några Halmstadsläkare har ordnat en serie träffar där flyktingar med medicinsk utbildning fått möta och byta erfarenheter med svenska läkare.

Som ett svar på främlingsfientligheten har ett nätverk bildats. Det kallas ***Nätverket Halmstad för alla*** och vill värna vårt öppna demokratiska samhälle och därmed arbeta mot rasism och förtryck. Nätverket är partipolitiskt och religiöst obundet och öppet för såväl privatpersoner som organisationer. De som vill vara med ska tro på alla människors lika värde i ett samhälle där alla kan leva tillsammans, tro på demokratin och ta avstånd från våld.

Nätverket ordnar olika manifestationer på Stora torg och *Promenader för trygghet*. Man har regelbundet *Tillsammanskafé* där Halmstadsbor och flyktingar träffas kring en fika. Vid något Tillsammanscafé har man haft konstutställning. Nätverket har under mörka årstider ordnat ljusmanifestationer, bland annat till minne av Kristallnatten i Nazityskland, för att hedra dem som omkommit under flykten och för att protestera mot utvisningar.

Halmstad för alla har en manifestation på Stora tog

Bråttom att rädda klimatet

Våra utsläpp av växthusgaser gör att klimatet förändras – och det kommer att förändras på ett drastiskt sätt om vi inte gör något åt problemen. Kunskaper om situationen har vi haft i flera decennier. Det är hög tid att alla deltar i omställningen till ett fossilfritt samhälle.

I hopp om att kunna påskynda processen startades föreningen *Klimataktion 2008*. Föreningen verkar för en klimatpolitik som tar vetenskapen på allvar. Man vill sända en tydlig signal till politikerna: vi insisterar på omedelbar handling! Föreningen informerar om och bedriver studier kring klimatförändringarna och rättvisa åtgärder mot dessa och mobiliserar människor till klimatmanifestationer.

Lokalavdelningen ***Klimataktion Halmstad*** bildades 2014. Liksom riksföreningen fokuserar lokalavdelningen på fördjupning och spridning av kunskap samt nätverksbildning och politikerkontakt. Det sker via föreläsningsserier, insändare och debattartiklar, sociala medier, samarbete med andra miljö- och klimatrörelser samt kommunikation med ledamöter i kommun och riksdag. I en studiecirkel har man halva kvällen redovisat och diskuterat aktuella forskningsrapporter och artiklar medan andra halvan av mötena har varit aktionsinriktade.

Klimatföreläsningar för allmänheten anordnas var tredje vecka på Halmstads stadsbibliotek i samarbete med biblioteket, ABF och HP och vid vissa tillfällen även med Naturskyddsföreningen och Jordens vänner. Inbjudna föreläsare talar ur klimatperspektiv om energi, hållbarhet, hälsoeffekter, kolsänkor, avfallshantering, regionala och kommunala anpassningsplaner, klimatpolitik i historiskt perspektiv, Pariskonferensen, cykling, globalisering och mat.

Föreningen verkar aktivt för samarbete med andra klimat- och miljögrupper och har deltagit i nationella arrangemang som Klimatriksdagen, Klimatmarschen, *Run for your Life*, Klimathuset och i lokala arrangemang som *Ekodagen* och *Åter-*

bruksdagen (i samarbete med Studiefrämjandet, Stadsodling i Halmstad, Hallandsgårdens experimentverkstad, Tillsammansodling i Linehedsparken, Ett hållbart Halland), *Fira Framtiden* (Omställningsrörelsen, Studiefrämjandet) och *Passivhusdagarna,* Föreningen ingår i *KlimatSverige* och *Sydsvenska klimatnätverket.*

Kommunpolitiker i Halmstad har, liksom Hallands läns riksdagsledamöter, intervjuats genom enkäter, personligt sammanträffande och uppföljande mejl. Gruppen har haft möte med kommunstyrelsens ordförande och skrivit till kommunstyrelsen om klimatberedskap och om fossilfrihet. Man har yttrat sig över kommunens energiplan, klimatanpassningsplan och detaljplan över Södra infarten. Inför kommunens budgetarbete har föreningen tagit fram en promemoria om vad man anser krävs för att Halmstad ska kunna kalla sig en hållbar och framsynt kommun. Föreningen har också ordnat paneldebatter med kommunalpolitiker.

Bland föreningens föreläsningar under 2016 kan nämnas några. Karin Wahlgren berättade om Klimatkonferensen i Paris. Lars Strömgren pratade under rubriken: Cykla för klimat och hälsa. Eddie Olsson talade om Globaliseringens pris, Christel Cederberg om Mat och klimat, Thomas B Johansson om Fossilfrihet på väg och Göran Duus-Otterström om Klimaträttvisa och historiska utsläpp.

Sommaren 2016 deltog föreningen i Naturskyddsföreningens arrangemang Ginstloppet och vid Framtidsfest på Hallandsgården,

Och sedan då?

Har de senaste 50 årens alternativrörelser – i Halmstad och runtom i världen – haft någon betydelse?
Krig, förföljelse, tortyr, miljöförstörelse, kvinnoförtryck och stora globala orättvisor fortsätter trots de olika alternativgruppernas arbete. Redan 1976 uttryckte Hasseåtage besvikelse över utvecklingen, då Monica Zetterlund i revyn *Svea Hund* sjöng: *Var blev ni av, ljuva drömmar om en rimligare jord. Ett nytt sätt att leva. Var det bara tomma ord*?

Är enda resultatet av aktiviteterna att Hamnleden ännu inte har kommit till stånd och att vi fått rökfrihet i den offentliga miljön? Nej, trots allt måste man nog säga att mycket skulle ha varit ännu värre om inte alternativrörelserna verkat. Och visst har det skett framsteg på många sätt. Medvetenheten om problemen har i flera avseenden ökat. Självfallet är det inte alternativrörelsen ensam som åstadkommit de positiva förändringarna – andra aktörer har säkert haft större betydelse. ”Alternativen” har inte alltid stått i motsättning till etablissemanget.

Man kan glädjas över att antalet människor som lever i extrem fattigdom har minskat. Men samtidigt sörja över att fortfarande mer än 700 miljoner människor är kvar i extrem fattigdom och att 300 barn per timme dör av svält och att mer än 2,3 miljarder människor saknar toalett.

Man kan glädjas åt att världens nationer kunnat enas om åtgärder mot klimatförstöringar. Samtidigt som man måste oroas över att det i realiteten verkar som om en allvarlig ökning av jordens medeltemperatur inte går att undvika.

Behövs alternativrörelser idag?
Ja, absolut. Inte minst för miljöfrågornas skull. På tidningarnas ledarsidor utgör de hotande klimatkatastroferna ibland mänsklighetens allra största problem – men i resten av tidningarna liksom i de flesta andra medier syns inte klimatproblemen.

Resemagasinen rekommenderar miljöskadliga flygresor utan att i faktarutan informera om hur stora utsläppen av växthusgaser är. En öronbedövande kommersiell reklam berättar för oss att vi måste konsumera mer och mer. Till och med seriösa dagstidningar använder variationer på temat ”Det är inte min bil som är problemet, det är de andra” när de diskuterar åtgärder mot växthusgaserna. Istället för att berätta om svenskarnas orimligt höga utsläpp per capita säger man att svenskarna utgör en så liten andel av världens befolkning så våra utsläpp nästan är försumbara. Inte ens en rödgrön regering vågar införa de skatter på koldioxid som skulle fordras för att minska utsläppen. Alternativrörelsen behövs inte bara för att påverka riksdag och regering utan ännu mer för att få medborgarna/väljarna att acceptera de förändringar som är nödvändiga.

Alternativrörelsen behövs för att motarbeta kapitalismens och konsumismens segertåg genom världen, motarbeta egoism och girighet, motarbeta att shopping görs till människors livsmål. Opinionsbildning behövs mot stigande inhemska inkomstklyftor och mot de fortfarande enorma globala orättvisorna.

Freds- och solidaritetsrörelsen behövs för att avslöja Sveriges och EU:s hyckleri i utrikespolitiken: Samtidigt som Ryssland utsätts för sanktioner på grund av dess annektering av Krim har EU hjärtliga förbindelser med Israel som ockuperar Västbanken liksom med Marocko som ockuperar Västsahara.

Inte minst skulle det behövas en stark motrörelse mot den högerpopulistiska nationalism, gränsande till fascism, som breder ut sig i världen. Mot den invandrarfientlighet och islamofobi som till och med leder till mordbränder i vårt land. Det ter sig fasansfullt att väljarna i världens största demokrati till president har utsett en ljugande demagog, en man som förnekar fakta, föraktar saklig debatt, sprider hat, förnedrar kvinnor och rörelsehindrade, demoniserar etniska minoriteter, vill införa tortyr, förnekar miljöhoten och ifrågasätter demokratins grundläggande principer. Med Donald Trump som president legitimeras fascismens språk. Det är viktigt att dels stå upp mot dessa idéer, dels försöka förstå vad det är som gör att så många attraheras av dem.

Finns alternativrörelser i dag?

Ja, men inte så tydligt som för 50 år sedan. I Halmstad förekommer sällan stora demonstrationståg med plakat om miljö, fred och internationell solidaritet. Framförallt ser man sällan demonstrerande ungdomar. De fåtaliga aktivister som vissa lördagar står med flygblad och plakat på Stora torg är oftast pensionärer i 70–80 års åldern. Knappast lymlar och ligister. Dock talar de stora demonstrationerna dagen efter president Trumps installation i januari 2017 för att de ungdomliga protesternas tid inte är helt ute.

Å andra sidan finns nu andra sätt att protestera. Man kan nu agera via olika sociala medier. Ett exempel på aktivism via internet är *Skiftets* namninsamling mot det transatlantiska frihandelsavtalet *TTIP, Transatlantic Trade and Investment Partnership,* som enligt många hotar vår välfärd, demokrati och miljö.

Många av oss äldre aktivister upplever nog att mycket går åt fel håll. Att det förefaller omöjligt att förhindra de stora katastroferna. Men att man ändå måste arbeta som om det skulle vara möjligt. Det är inte värdigt att ge upp.

Man får hoppas att Mikael Wiehes vision i *Ska nya röster sjunga* från 1988 ska bli sann:

När vi har blivit gamla och vårt hår har blivit grått
när livet börjar mörkna och dagarna har gått
när våra kroppar kroknar och våra steg blir tunga
ska nya röster sjunga ska nya röster sjunga
Sångerna om frihet om rättvisa och fred
sångerna om folket som aldrig kan slås ned
sångerna om kärlek som aldrig kan förstummas
ska nya röster sjunga ska nya röster sjunga

En del litteratur

Här är ett urval böcker som rör frågor som behandlats i denna bok.

Vietnamrörelsen

- Christopher Hitchens: The trial of Henry Kissinger. Verso, London, 2001.
- Tommy Hammarström: FNL i Sverige. Reportage om en folkrörelse under tio år. Utgiven av De Förenade FNL-grupperna, 1975.
- Åke Kilander: Vietnam var nära, En berättelse om FNL-rörelsen och solidaritetsarbetet i Sverige 1965–1975. Leopard, 2006.

"Båstadkravallerna" 1968

- Aktion Båstad 1968. Båstadaktivisterna, 1968.
- Bo Lindblom: Djävla nuläge. Författarförlaget 1970.
- Bo Lindblom (red.) Fallet Båstad. En studie i svensk opinionsbildning. WW-serien Nu!, 1968.

"Göteborgskravallerna" 2001

- Erik Wijk: Göteborgskravallerna. Vittnesmål. Dokument. Kommentarer. Manifest Kulturproduktion AB, 2001.
- Erik Wijk: Orätt - Rättsrötan efter Göteborgshändelserna. Ordfront, 2003.
- Göteborg 2001. Statens offentliga utredningar nr 2002:122.
- Mikael Löfgren, Massoud Vatankhah (red.): Vad hände med Sverige i Göteborg? Ordfront, 2002.

Irakkrigen och USA

- Frida Stranne: George W. Bush - en (r)evolution i amerikansk utrikespolitik? Avhandling för filosofie doktorsexamen, Institutionen för globala studier, Högskolan i Halmstad, 2011.
- Pierre Schori: Draksåddens år. Leopard förlag, 2008.
- Tariq Ali: Bush i Babylon. Ordfront, 2003.

Palestinafrågan

- Charlie Andreasson: Dagbok från Gaza. Bokförlaget Korpen, 2016.
- Erik Fosse, Mads Gilbert: Ögonen i Gaza. Ordfront, 2009.
- Gunnar Olofsson, Peo Österholm: Vad händer i Palestina? Mormor Förlag, 2016.
- Per Gahrton: Palestinas frihetskamp: historia, analys och personliga iakttagelser. Carlssons bokförlag, 2008.

Ensidig mediabild

- Folke Hagman: Media som krigshetsare. Treangel, 1986.
- Ingemar Myhrberg. Ubåtsvalsen - en motbok till rapporterna från ÖB och Ubåtsskyddskommissionen. Haga bokförlag, 1985.
- John Pilger: Den dolda dagordningen. Ordfront, 1999.
- Pierre Gilly: Konsten att sälja krig: Propaganda från Cato till Nato. Verbal förlag, 2016.
- William Blum: CIA och USA:s verkliga utrikespolitik. Epsilon Press, 1998.

Miljö

- Andreas Malm: Det är vår bestämda uppfattning att om ingenting görs nu kommer det att vara för sent. Atlas, 2007.
- Gösta Ehrensvärd: Före - efter: en diagnos. Aldus, 1971.
- Mark Lynas: Sex grader: vår framtid på en varmare jord. Ordfront, 2007.
- Mikael H. Nyberg: Maskrosbarn – Miljöpartiets första tjugo år. Gröna böcker, 2001.

Diverse

- Bo Lindblom: Motvind och uppförsbacke. Om verksamhetens villkor i en frivilligrörelse för mänskliga rättigheter. Eget förlag, 2012.
- Christer Gustavsson (red.): Makt åt maktlösa: solidaritet i globaliseringens tid. Stockholm Broderskapsrörelsen & Proprius förlag, 2001.
- Erik Damman: Framtiden i våra händer. (1972) Legenda-pocket, 1987.
- Erik Damman: Tio steg mot framtiden. Askild & Kärnekull, 1978.
- Gunnar Sundberg: Ställföreträdande revolution. Författares bokmaskin, 1984.
- John Rawls, Amartya Sen, Michael Walzer: Idéer om rättvisa. Norstedts Akademiska Förlag. 1993.
- Mark Kurlansky: 1968. De gränslösa drömmarnas år. Ordfront, 2005.
- Naomi Klein: No logo. Märkena, marknaden, motståndet. Ordfront, 2001.
- Tortyren på 80-talet. Amnesty International, Svenska sektionen. Nybloms förlag, 1984.
- Valentin Seveus: Upplysning för freden: fredstanken, folket och den svenska statens ekonomiska stöd till fredsrörelsen 1929–2008. Seveus Co AB, 2008.

Tillgängligt underlag för vidare information om alternativrörelser i Halmstad

- El Salvadorkommttén och Centralamerikakommittén: Patricio Fuentes har bevarat ett stort antal dokument.
- RATT: Pärm med handlingar finns hos författaren och kommer senare att lämnas till Folkrörelsernas arkiv.
- KFF: Protokollsböcker mm finns hos författaren
- Fredagsgruppen: Protokoll, verksamhetsberättelser mm finns hos författaren eller hos Louise Hellqvist
- Sänk våra löner; Diverse brev och artiklar finns hos författaren
- Amnesty och Byring & Bråte: Protokoll, verksamhetsberättelser mm finns på Byring & Bråte och hos Folkrörelsernas arkiv
- Nätverket för fred i Mellanöstern: Protokoll, verksamhetsberättelser mm finns hos författaren och kommer senare att lämnas till Folkrörelsernas arkiv.
- Palestinagruppen: Protokoll, verksamhetsberättelser mm finns hos författaren
- Diverse medlemsförteckningar finns hos författaren.

Sakregister

I registret har inte medtagits namn på Halmstadsbor, aktiva i alternativrörelser. Den som har legitimt intresse kan få medlemsförteckningar från författaren.